国家职业技能等级认定培训教材
国家基本职业培训包教材资源

# 餐厅服务员

（技师 高级技师）

**编审委员会**

主　任　张立新　张　斌
副主任　王晓君　袁　芳　魏丽君
委　员　王　霄　项声闻　杨　奕　蔡　兵　陈　蕾
　　　　葛恒双　张　伟　赵　欢　吕红文

**本书编审人员**

主　编　潘小慈　王璐璐
编　者　江强峰　阮晓明　李　历　张丽娟　陈建苇
　　　　陈佩萍　黄乐燕　黄建琴　葛更镐　韩　杭
主　审　高　静

中国人力资源和社会保障出版集团

中国劳动社会保障出版社　中国人事出版社

图书在版编目（CIP）数据

餐厅服务员：技师　高级技师 / 人力资源社会保障部教材办公室组织编写. -- 北京：中国劳动社会保障出版社：中国人事出版社，2020

国家职业技能等级认定培训教材　国家基本职业培训包教材资源

ISBN 978-7-5167-4348-5

Ⅰ. ①餐…　Ⅱ. ①人…　Ⅲ. ①饮食业－商业服务－技术培训－教材　Ⅳ. ①F719.3

中国版本图书馆 CIP 数据核字（2020）第 044844 号

**中国劳动社会保障出版社**
**中 国 人 事 出 版 社** **出版发行**

（北京市惠新东街 1 号　邮政编码：100029）

*

北京市艺辉印刷有限公司印刷装订　新华书店经销

787 毫米 ×1092 毫米　16 开本　14.75 印张　260 千字

2020 年 4 月第 1 版　2024 年 7 月第 2 次印刷

**定价：39.00 元**

营销中心电话：400-606-6496

出版社网址：http://www.class.com.cn

# 前　言

为加快建立劳动者终身职业技能培训制度，大力实施职业技能提升行动，全面推行职业技能等级制度，推进技能人才评价制度改革，促进国家基本职业培训包制度与职业技能等级认定制度的有效衔接，进一步规范培训管理，提高培训质量，人力资源社会保障部教材办公室组织有关专家在《餐厅服务员国家职业技能标准》（以下简称《标准》）和国家基本职业培训包（以下简称培训包）制定工作基础上，编写了餐厅服务员国家职业技能等级认定培训系列教材（以下简称等级教材）。

餐厅服务员等级教材紧贴《标准》和培训包要求编写，内容上突出职业能力优先的编写原则，结构上按照职业功能模块分级别编写。该等级教材共包括《餐厅服务员（基础知识）》《餐厅服务员（初级）》《餐厅服务员（中级）》《餐厅服务员（高级）》《餐厅服务员（技师　高级技师）》5 本。《餐厅服务员（基础知识）》是各级别餐厅服务员均需掌握的基础知识，其他各级别教材内容分别包括各级别餐厅服务员应掌握的理论知识和操作技能。

本书是餐厅服务员等级教材中的一本，是职业技能等级认定推荐教材，也是职业技能等级认定题库开发的重要依据，已纳入国家基本职业培训包教材资源，适用于职业技能等级认定培训和中短期职业技能培训。

本书在编写过程中得到北京联合大学、浙江经济职业技术学院、遵义市旅游学校等单位的大力支持与协助，在此一并表示衷心感谢。

人力资源社会保障部教材办公室

# Contents
# 目录

餐厅服务员（技师 高级技师）

## 第一部分 技师

### 餐前准备



### 接待服务

# 第二部分　高级技师

## 餐前准备



## 餐厅管理

## 培训指导

# 第一部分　技师

## 模块1　餐前准备

- 课程 1-1　就餐环境设计与布置
- 课程 1-2　餐台设计与布置
- 课程 1-3　服务规程设计

# 课程设置

| 课程 | 学习单元 | 课堂学时 |
|---|---|---|
| 1-1　就餐环境设计与布置 | （1）主题宴会的环境要求 | 3 |
| | （2）主题宴会环境设计 | 3 |
| | （3）主题宴会环境布置 | 4 |
| 1-2　餐台设计与布置 | （1）主题宴会餐台设计要求与依据 | 2 |
| | （2）主题宴会餐台设计内容与方法 | 4 |
| | （3）典型主题宴会餐台设计与布置 | 4 |
| 1-3　服务规程设计 | （1）宴会服务程序编制 | 4 |
| | （2）宴会服务人员分工 | 1 |
| | （3）宴会服务工作计划制订 | 2 |
| | （4）安排宴会服务人员培训 | 4 |
| | （5）控制预案编制规则与要求 | 4 |

## 课程 1-1　就餐环境设计与布置

### 学习内容

| 学习单元 | 课程内容 | 培训建议 | 课堂学时 |
|---|---|---|---|
| （1）主题宴会的环境要求 | 1）宴会环境类别<br>2）婚宴环境要求<br>3）生日宴环境要求<br>4）商务宴会环境要求<br>5）庆祝类宴会环境要求<br>6）答谢宴会环境要求 | （1）方法：讲授法、案例教学法、讨论法<br>（2）重点与难点：不同中西餐主题宴会环境的要求及特点 | 3 |

续表

| 学习单元 | 课程内容 | 培训建议 | 课堂学时 |
| --- | --- | --- | --- |
| （2）主题宴会环境设计 | 1）宴会环境设计原则<br>2）色彩设计<br>3）灯光设计<br>4）地面、墙面、天花板设计<br>5）背景音乐设计<br>6）温、湿度设置<br>7）微缩景观设计<br>8）绿植设计 | （1）方法：讲授法、案例教学法、讨论法<br>（2）重点与难点：通过宴会环境的设计突出宴会的主题 | 3 |
| （3）主题宴会环境布置 | 1）布置要求<br>2）布置步骤<br>3）布置方法<br>4）布置注意事项 | （1）方法：项目教学法<br>（2）重点与难点：中西餐主题宴会环境布置的要求及方法 | 4 |

# 学习单元 1　主题宴会的环境要求

## 一、宴会环境类别

主题宴会是指人们为了某种社交目的，按照一定的程序、规格，围绕某一与社交目的相关的主题来宴请宾客的高级聚餐方式。主题宴会是酒店经济收入的重要来源，好的宴会设计和服务能够提高酒店的声誉和市场竞争力。

根据不同的分类标准，主题宴会可以分成不同的种类。

1. 按照宴会性质和目的，可分为婚宴、生日宴、商务宴会、庆祝类宴会、答谢宴会、迎送宴会、纪念宴会等。

2. 按照宴会规格，可分为国宴、正式宴会、便宴、家宴等。

3. 按照宴会规模，可分为小型宴会、中型宴会、大型宴会，通常 10 桌以下为小型宴会，10 桌至 30 桌为中型宴会，30 桌以上为大型宴会。

4. 按照价格档次，可分为豪华宴会、高档宴会、中档宴会、普通宴会。

5. 按照宴会菜式，可分为中式宴会、西式宴会、中西合璧宴会、鸡尾酒会、茶话会、自助餐式宴会。

6. 按照宴会菜品主要用料，可分为全羊宴、全鱼宴、全素宴、全鸭宴、山珍宴、海鲜宴、饺子宴等。

7. 按照宴会菜式风格特点，可分为仿古式宴会、风味式宴会。其中，仿古式宴会有孔府宴、红楼宴、满汉全席、仿唐宴等；风味式宴会有川菜宴、鲁菜宴、浙菜宴、闽菜宴、粤菜宴、苏菜宴、徽菜宴、湘菜宴等。

## 二、婚宴环境要求

婚宴是婚礼的重要环节，是为了宴请前来参加婚礼并献上美好祝福的亲朋好友而举办的宴会。在设计婚宴环境时，不仅要考虑中西方婚礼文化的差异，也要考虑不同地区和民族的婚礼习俗。中式婚宴多用红色元素以突出吉祥和喜庆的氛围，西式婚宴多以白色等淡色元素装点，中西合璧式的婚宴切忌出现不伦不类的情况。婚宴的餐台、餐用具、音乐、服务员服装、菜品搭配和造型等设计要与婚宴环境相协调，因婚宴中新婚夫妇要到各个餐桌向宾客敬酒，所以餐桌之间需留有足够的距离。

## 三、生日宴环境要求

生日宴是人们为了庆祝生日而宴请家人朋友并获得祝福的宴会。随着中西文化的交流融合，现在很多人的生日宴已经融入西方文化元素，这些元素甚至成为生日宴的重要组成部分，例如，唱生日歌、DIY（Do It Yourself，自己动手制作）生日蛋糕、点蜡烛、吹蜡烛、切蛋糕、吃蛋糕，为生日宴增添了热闹欢快的气氛。同时，人们也保留了一些中国传统过生日的形式，如在生日宴上吃寿桃、长寿面，在某些菜品选择上突出健康长寿的寓意，例如，在为长辈举办的寿宴上准备松鹤延年的冷盘拼盘。通常酒店也会为寿星送上酒店的诚挚祝福和精美礼物。

## 四、商务宴会环境要求

商务宴会是指各类企业等营利性的机构或组织在商务活动中，为了洽谈商务、互通感情、建立合作关系等商务目的而举行的宴会。商务宴会应营造出一种气氛安静、品位高雅的环境，选择较为安静舒适的空间，在宴会中尽量减少由于服务而打扰宾客的次数。在菜品选择和环境布置上照顾宴请双方的喜好和特点，使洽谈双方受到平等对待，展示出商务洽谈的平等性。餐厅服务员要把握好上菜节奏，推动双方洽谈的顺利进行，当洽谈出现紧张局面时，可以利用上菜、斟酒、更换毛巾和骨碟等服务缓和紧张气氛。

## 五、庆祝类宴会环境要求

庆祝类宴会是指为庆祝升学、乔迁、获奖、庆功、开业等举办的宴会，在酒店宴会业务中占有较高的比例及非常重要的地位。无论出于何种庆祝目的，庆祝类宴会都要营造隆重的场面、热烈的气氛、喜庆的氛围。庆祝原因不同，在菜品的选择、背景音乐的选播、餐用具的选用、餐台主题的设计上应突出不同的情感和个性。例如，升学庆祝类宴会可以采用“状元宴”的餐台设计，选用“鲤鱼跃龙门”的整套餐具，选择“独占鳌头”等经典菜品；庆功庆祝类宴会可以采用“硕果累累”的餐台设计，选用“大丰收”的整套餐具，播放热烈欢快、丰收喜庆的背景音乐。

## 六、答谢宴会环境要求

答谢宴会是指为了向曾经帮助过答谢者或者即将帮助答谢者的人表示感谢而举办的宴会。这种宴会的目的是表达对答谢者的诚意，有谢师宴和因为升职而感谢领导、同事的宴会等。其内部环境要求高档豪华、清静舒适、优美愉悦，选用精致典雅的餐用具，菜品选择能突出当地特色的名菜、名点，酒水也应选择当地名酒，整体氛围展示出答谢者的真诚。答谢宴会上答谢者与被答谢者之间情感和话语交流较多，用餐时间较长，因此，上菜速度不宜过快，服务力求规范和精细。

# 学习单元 2　主题宴会环境设计

## 一、宴会环境设计原则

### 1. 双方满意原则

双方满意即宾客满意和酒店满意，宾客满意是酒店满意的基础，酒店满意是宾客满意的发展。酒店应始终将满足宾客需求和宾客满意作为服务的核心，始终以宾客的风俗习惯和审美价值作为环境设计导向，在充分了解宾客要求和意愿的基础上，确定宴会的性质、主题、规模、规格等，设计出若干方案。这些方案虽然能够满足宾客需求，但并非所有方案都具有可实施性，需要考虑酒店的实际条件和可能存在的突发情况，剔除无法实施的方案，再从剩下的方案中选择有利于酒店经营理念和企业文化宣传的方案，实现酒店利益的最大化。如果双方中任何一方不满意，都会影响宴会的顺利实施，宾客不满意便会另择他家，酒店不满意便会影响酒店的整体利益，只有满足宾客和酒店双方的需求，才是适合的宴会环境设计方案。

### 2. 整体协调原则

宴会环境设计的整体协调原则包括整体性和协调性两个方面，整体性是指宴会作为一个开放而统一的系统，包含了固定设施、可调节设施和可移动设施等若干部分，宴会环境需要将这些部分组合在一起发挥整体效果。如果只考虑色彩、灯光和微缩景观，而忽略墙面、地面和温度、湿度，会给人一种喧宾夺主的感觉，相反则会让人觉得缺少精致典雅的氛围。协调性主要是指宴会环境设计需与酒店的经营理念、企业文化和装饰风格相一致。例如，国内一些新兴的茶主题宴会不仅依托于酒店自有的茶叶种植园，在满足酒店需求的同时还以自有品牌的形式向外营销茶类产品，酒店墙壁用茶砖砌成，菜品突出茶文化，特色菜品主料和辅料选用茶叶进行烹饪。

### 3. 个性特色原则

宴会设计和服务的特色以往主要体现在菜品的烹饪、点心的制作和饮料的调配上，现在越来越多的酒店根据宾客消费观念的变化，更多地突显环境的特色化和个性化。特色化可以体现在场地、微缩景观、装饰、气味等多个方面，如以薰衣草为主题的宴会可以在薰衣草花园中开辟出一块空地举办一场西式浪漫婚礼；以元宵节为主题的宴会可以选用灯笼这一元素，布置各种各样的灯笼，每个灯笼上有灯谜、小奖品或祝福语，为宴会增添愉快的气氛。个性化就是为宾客量身定制一场独特而唯一的宴会，其特点是不易被模仿。商务宴会中通常选择双方长久合作以来具有重要意义的合作事宜，用有代表性的具象事物如餐台、装饰物、纪念品等方式展示出来，一方面可以增加商务宴会双方洽谈的和谐氛围，另一方面有利于促成双方的合作。

### 4. 美观经济原则

随着国家经济的日益强盛和人们生活水平的日渐提升，人们不再仅仅追求基本的物质需求满足，更加注重审美价值，追求更加美好的事物。一场宴会的成功举办需要整体环境舒适典雅、美观大方，需要各个细节精益求精，而这就要求酒店能够提供一定的人力、物力和财力，但这并不意味着毫无节制的铺张浪费。酒店应在按质按量完成整个宴会环境设计的基础上，尽量节约、环保，避免物资浪费。现在宴会需求市场和消费市场瞬息万变，今天的宴会环境到了明天也许就过时了，因此，减少投入除了可以直接节省开支外，从长远来看还可以降低因利用率较低而带来的间接成本。

### 5. 传承创新原则

产品需要更新，服务需要精进，环境需要多样，管理需要完善，而文化需要传承，酒店文化是酒店存在和竞争的核心力量。只有融入深厚文化内涵的环境设计才能站稳市场，避免在宴会产品竞争的洪流中随波逐流，昙花一现。将文化与环境融合在一起，人们在享受美味佳肴时，还可以获得精神上的滋养，这也成为酒店的特色。现代社会是求新求异、变化发展的社会，为了能够适应社会的发展，酒店不仅需要稳固老的客源市场，更需要开辟新的客源市场。与此同时，在保证成本可控的情况下，不断地创新宴会环境，调整、更新和打造新的特色环境，发挥宴会对酒店发展的最大效用。

## 二、色彩设计

色彩是宴会可视氛围中的重要因素，色彩学中的色彩有三大要素，即色彩的色相、纯度和明度，分别代表着色彩的色别、纯净程度和明亮程度，其任何属性的变化都会影响宴会环境色彩。色彩能够影响宾客的心境，暖色调让人感觉温暖、光明和兴奋，冷色调让人感觉寒冷、寂寞、沉静等，冬天和高纬度地区偏向暖色调，夏天和低纬度地区偏向冷色调。不同的色彩有着不同的文化寓意，中西方甚至不同国家、地区和民族之间对色彩的寓意有着不同的理解。宴会的色彩设计需根据主题宴会风格、档次、空间，通过色相、纯度、明度等色彩要素确定色系，并与宴会的色彩表现物和装饰物和谐一致，共同突出宴会主题。例如，团圆宴等喜庆类的宴会应选择红色等暖色调来突出喜庆的氛围，高档次的豪华宴会可以选用雍容贵气的金色，较为封闭的空间可以选择清新亮丽的色彩，法式餐厅则可选用红白蓝三种颜色。

## 三、灯光设计

灯光在主题宴会环境设计中占有重要地位，具有保障宴会活动正常进行、渲染宴会空间气氛、体现宴会风格特点、影响宾客用餐心境的作用。灯光可以是白炽光、荧光、彩光、装饰照明等，一种或几种灯光的使用需要满足光照的基本要求，同时符合主题宴会的装饰和举办需求。白炽光适合用于展现食品等最自然的颜色，适用于餐桌的中心部分；荧光在使用的时候需要谨慎，这种光线缺乏美感，会使人的皮肤显得苍白，使食品呈偏灰色，适用于餐桌的外围部分；彩光的合理使用可以烘托宴会气氛，天花板上舞台彩色射灯的调节有利于人、食品、餐用具等展示出与宴会主题相呼应的色彩；装饰照明突出了照明的装饰效果，可美化场地、展示形象、渲染气氛，但装饰照明的使用应以简朴实用、美观大方为主，以免喧宾夺主。

## 四、地面、墙面、天花板设计

地面装饰较为固定，宴会场合一般选用与酒店风格相协调的地毯进行地面装饰，具有美观、防滑、舒适的作用，同时摆放一些绿色植物、盆花等进行点缀或掩饰地面和地毯的不足，也可根据宴会主题临时增添一些用来装饰地面的其他装饰物。

墙面在宴会场合内所占面积较大，不宜过于单调，需配合墙面装饰物、立体灯光照射、大型绿色植物等装饰设计，让宾客形成宴会主题突出、美观大方、清新明快的感知，避免无装饰墙面的单调及其带给宾客的疲倦感。中式主题宴会可以选用书画、刺绣、木雕等装饰物，西式主题宴会则考虑用油画、水彩画、壁毯等进行装饰。

天花板的形式较多，有平整式、帷幔式、结构式、凹凸式、井格式、悬吊式等，不同的形式带给宾客不一样的感官体验。天花板形式的选择和色彩的搭配需与地面、墙面相协调，与宴会主题气氛相吻合，大多数情况下宜选用形式简单、色彩易于搭配的天花板，以便增加其实用性。

## 五、背景音乐设计

主题宴会的背景音乐不仅能影响宾客的心理状态，帮助宾客调整情绪，使其积极融入主题宴会中，而且有助于服务员调整情绪、舒缓压力、提高工作效率，所以背景音乐的挑选非常重要。适宜的背景音乐需要与宴会主题相一致，能够满足宾客生理上的舒适需求，符合宾客的欣赏水平，与宴会装饰布置相协调。酒店要将选择好的背景音乐按照就餐顺序播放，使其与主题宴会的节奏协调一致。商务宴会上不适宜播放情意绵绵的爱情歌曲和节奏感较强的爵士乐，古典式装修风格的宴会适合播放古典名曲，西式宴会可以选用莫扎特的《钢琴协奏曲》、肖邦的《夜曲》等亲切婉转的西方音乐。

## 六、温、湿度设置

温、湿度是影响宾客舒适度的重要因素，影响着宴会的环境和气氛。不同职业、性别、年龄的宾客对温、湿度的感知存在差异，女性、成人、办公室工作者一般温度要求分别略高于男性、未成年人、户外工作者等。不同季节宴会场所的温、湿度也存在差异，夏天由于宾客周围温度较高，要求宴会场所更加凉爽；冬天由于宾客周围温度较低，宴会场所需要更加温暖。在宴会场所，一般来说最佳温度应保持在 21～24℃。空气湿度是指空气的干湿程度，湿度过大、过小都会给宾客带来不适，湿度过大宾客会感到潮湿胸闷，湿度过小宾客会觉得烦躁不安，合适的湿度有利于保证宾客的舒适程度，一般来说宾客在宴会场所感觉到的最佳相对湿度是 49%～51%。同时，宴会场所的温、湿度应可根据宾客的实际需求随时进行调节。

## 七、微缩景观设计

微缩景观是指经过精心设计与制作的某种特定微型景观，用来表现和突出宴会的主题风格和特定意境。为了烘托宴会的主题和意境可以选用反映地域特点、民族风情、历史文化特色的装饰材料和表现手法。同时，微缩景观的造型、色彩、寓意和摆放布置都要与宴会场所内外环境中的其他要素相协调，尤其要与墙面、地面、天花板等占有较大面积的装饰统一协调，进而起到突出宴会主题和增强环境美感的作用。

## 八、绿植设计

绿植是现代室内装饰的一大品类，是宴会场所空间设计的最佳装饰物。绿植不仅有丰富的形象美、色彩美和丰韵美，能增强宴会场所的艺术表现力，而且具有净化空气、美化环境、分隔空间、增加气氛、表情达意和提高规格等作用。绿植种类繁多，可选择和设计的空间较大，例如，盆花、盆草、盆果、盆树等盆栽，树桩盆景和山水盆景等盆景，墙面蔓绿和天棚悬挂等立体绿化、照明绿化和镜面绿化等艺术绿化以及由花卉植物构成的花坛、花池等。绿植的选择要配合宴会主题和宴会环境中的其他因素，绿植的摆放应高低对称，不影响宾客的行走和视线，多选择摆放在宴会场所入口两旁、楼梯进出口、话筒前、花架上、餐台中间、舞台边沿等位置。绿植要经常打理，尤其是真花真草需要根据不同品种进行施肥浇水等，并要防止花草的水渍和泥土弄脏地毯等宴会场所的物品。

# 学习单元 3　主题宴会环境布置

## 一、布置要求

### 1. 兼顾宾客和酒店布置需求

宴会环境的布置与宴会的整体效果密切相关，直接影响着宾客的满意度和酒店的形象。设计宴会环境时，需认真询问宾客意见，充分理解宾客所要达到的理想效果，进而合理安排及调节灯光、地面装饰、墙面和天花板装饰、微缩景观、绿植、背景音乐、温度和湿度等。同时结合酒店的基本情况，确保设计布置在酒店布置能力内，以免造成酒店布置成本过高或者无法完全满足宾客要求的结果，造成宾客心理上的落差。

### 2. 合理安排布置顺序

根据常规宴会布置顺序，一般先布置大环境，如地面、墙面、天花板和灯光等，然后布置餐桌、微缩景观和绿植等，最后布置餐用具，选择背景音乐，调整温度、湿度。同时，需根据布置现场的具体情况和宾客的特殊要求进行相应调整。

### 3. 注意布置细节

在宴会的布置和服务中，细节往往决定宴会的成败，宴会顺利完成很难为酒店增彩，但出现任何细小的问题都会影响酒店的声誉，所以必须严格按照设计标准进行布置。例如，在不同时间段多次进行空调的调试，为宴会中身体不便的宾客安排便利位置，提前准备醒酒汤或醒酒茶等。

### 4. 灵活处理布置现场的突发情况

宴会场所面积较大，需要布置的内容复杂多样，宴会中参与人员较多，所以较易出现突发情况，这时需要冷静、灵活地进行处理。例如，在宴会开始前，出现断电、空调停止工作、餐具破损和音响不发声等情况，现场布置人员需要立即联系相关负责人，以最快的速度解决问题，从而保证宴会的正常举行。

## 二、布置步骤

### 1. 充分了解宴请者对主题宴会的要求和意愿

酒店的最终目的是举办一场让宾客满意的主题宴会，宴请者对主题宴会的理解和要求是酒店在设计和布置宴会时需首先考虑的。所以，了解和掌握宴请者的意愿和要求是一切宴会工作的出发点，也是宴会布置的第一个步骤。

### 2. 掌握宴会场地的现有条件

酒店需综合考虑宴会场地现有的条件，尽量满足宴请者要求。如果酒店受到自身条件限制，无法满足宴请者要求时，应向其解释以得到其理解。

### 3. 写出宴会环境设计说明书

撰写宴会环境设计说明书，设计灯光、地面、墙面和天花板，选择微缩景观、绿植、背景音乐和温、湿度等，选用台布、口布和餐用具。按照常规宴会布置的顺序对宴会所有物品进行布置，并根据宴请者的要求相应调整布置顺序。同时，所有物品的选择和设计都要与宴会主题相协调。

### 4. 根据宴会环境设计说明书进行布置

在开始实施宴会布置时，要严格按照宴会环境设计说明书上的顺序和要求进行，如在布置现场发现宴会设计说明书上有不适宜的地方，要和设计者充分沟通和交流后再进行修改。布置过程中，注意细节的把控，避免出现因小失大的情况。

## 三、布置方法

宴会环境的布置可以采用先大后小和先简后繁的方法。首先从大处着眼，对地面、墙面和天花板等大面积区域进行布置，调节灯光和光束，使其符合宴会主题的要求，并将环境调至适宜的温、湿度。然后不断缩小布置范围，加强布置的细致化，选择符合宴会规格和主题的餐用具，挑选局部的装饰物和绿植，烘托宴会主题，美化宴会环境。

## 四、布置注意事项

1. 主题宴会环境布置前，将宴会通知单上所有的物品准备齐全，然后邀请宴请方负责人参与布置的整个过程。

2. 宴请方负责人到达后，请其确认宴会环境布置的具体时间和要求，询问其对目前已完成的宴会布置工作的满意度。

3. 主题宴会环境布置开始后，保证至少有一名酒店员工协助宴请方负责人，并及时沟通，让宴请方负责人了解目前宴会场所环境情况，尽量减少对台型的改变和移动。认真完成交接班日志，写明所发生的一切情况。

4. 主题宴会环境布置结束后，酒店方应再次确认宴会举办时间和开门迎客时间，并提早安排酒店工作人员的工作。如果宴请方负责人有贵重物品需要酒店临时保管，则需请其同酒店负责人与保安一起清点物品，做好记录，钥匙交由保安保管。第二天酒店负责人再与保安一起取钥匙，与宴请方负责人一起开店，并再次清点物品，确认无误。

5. 宴请方负责人需遵守酒店的相关规章制度及宴会布置要求。

（1）禁止在宴会场合抽烟，尤其是参与宴会环境布置的人员较多时。

（2）禁止使用对墙面造成较大或永久性损伤的五金件或工具设施。

（3）使用较高或较宽的可移动工具设施时，注意避免其对宴会场所的烟感器等原有设施造成损坏。

（4）避免剐碰宴会场所所有的门、墙壁和扶手等。

（5）不允许宴请方负责人将非酒店允许的视频带入酒店。

## 【案例】高峰论坛宴会就餐环境设计与布置

1. 宴会主题

中国环境保护产业协会在杭州举办了绿色环保主题的高峰论坛，世界各国学者和企业家齐聚一堂，杭州市政府在 ×× 酒店设宴款待与会的所有宾客。本次宴会以“手手相连做环保，心心相印寻绿色”为主题。

2. 接待任务

时间。2018 年 × 月 × 日。

地点。×× 酒店。

参加人员。参加高峰论坛的学者和企业家及政府工作人员共 50 人。

3. 场景分析

（1）宴会场地

1）规模。该宴会厅面积有 100 $m^2$，可安排 10 桌以上台型，容纳 100 人以上。

2）规格。该宴会厅在酒店中属于精致高档型，常用来宴请重要的商务人士。

3）环境。酒店紧邻西湖，风光秀丽，景色宜人，宴会厅位于酒店高层，视野开阔，可纵览西湖全景。宴会厅内设施设备齐全，舒适优雅，整体环境与宴会主题协调一致。

（2）宴会场景

1）背景音乐。宾客入场时，播放《平湖秋月》，该音乐以古筝为主要演奏乐器，音量适中，让宾客在欢快而愉悦的节奏中步入宴会厅，从而表达酒店对宾客的欢迎之情。

宾客入座就餐时，播放《渔舟唱晚》，并降低音量，以免打扰宾客交谈和正常服务，让宾客在舒缓而悠扬的音乐节奏中静静地享受本次宴会。

宾客离场时，播放《高山流水》，以表达宴请方与酒店的不舍之情。

2）灯光。宴会厅内部的仿古中式吊灯分为多段光源，且均为LED（Light Emitting Diode，发光二极管）节能灯。宾客入场时打开最亮光源，方便宾客找到自己的座位；就餐时调为暖光灯源，烘托菜色，增加宾客食欲；离场时再调为最亮光源，以免宾客遗落物品。

3）色彩。整个宴会厅以米黄色为主色调，墙面为米黄色，窗帘为墨绿色，地毯为浅黄色，舞台以绿色为主调，整个环境洋溢着绿色、环保、典雅的气氛。

4）装饰物。在宴会厅门口摆放一面签名墙，所有与会人员到场后签名，为绿色环保代言。厅内四周墙壁悬挂中国环境保护产业协会近年来为绿色环保所做的公益活动照片。舞台背景墙上悬挂中国环境保护产业协会的标识和本次宴会的主题字样。舞台两侧摆放两株万年青，既装点环境，又可吸收室内废气。

# 课程 1-2　餐台设计与布置

## 学习内容

| 学习单元 | 课程内容 | 培训建议 | 课堂学时 |
| --- | --- | --- | --- |
| （1）主题宴会餐台设计要求与依据 | 1）主题宴会餐台特点 | （1）方法：讲授法、案例教学法<br>（2）重点与难点：主题宴会餐台设计的要求及特点 | 2 |
| | 2）主题宴会餐台设计原则 | | |
| | 3）主题宴会餐台设计要求 | | |
| （2）主题宴会餐台设计内容与方法 | 1）台型设计与布置 | （1）方法：讲授法、案例教学法<br>（2）重点与难点：通过宴会餐台设计突出宴会的主题 | 4 |
| | 2）席位设计与布置 | | |
| | 3）台布、台裙设计与布置 | | |
| | 4）餐台中央装饰设计与布置 | | |
| | 5）餐巾花设计与布置 | | |
| | 6）餐酒具选择与搭配 | | |

续表

<table>
<tr><th>学习单元</th><th>课程内容</th><th>培训建议</th><th>课堂学时</th></tr>
<tr><td rowspan="4">（2）主题宴会餐台设计内容与方法</td><td>7）餐椅的装饰设计</td><td rowspan="4">（1）方法：讲授法、案例教学法<br>（2）重点与难点：通过宴会餐台设计突出宴会的主题</td><td rowspan="4">4</td></tr>
<tr><td>8）菜单的设计与陈列</td></tr>
<tr><td>9）台号、席位卡等小件装饰品的设计与布置</td></tr>
<tr><td>10）斟酒的顺序与分量</td></tr>
<tr><td rowspan="3">（3）典型主题宴会餐台设计与布置</td><td>1）婚宴餐台设计</td><td rowspan="3">（1）方法：项目教学法<br>（2）重点与难点：典型主题宴会餐台设计与布置的要求及内容</td><td rowspan="3">4</td></tr>
<tr><td>2）生日宴会餐台设计</td></tr>
<tr><td>3）商务宴会餐台设计</td></tr>
</table>

# 学习单元 1　主题宴会餐台设计要求与依据

## 一、主题宴会餐台特点

不同主题宴会的餐台具有不同的特点，按照不同的分类方法介绍如下。

### 1. 按餐饮风格分类

（1）中餐主题宴会餐台

中餐主题宴会餐台以圆桌餐台为主，餐台上的小件餐具一般包括筷子、汤匙、骨碟、搁碟、味碟、口汤碗和各种酒杯。根据不同的主题选用不同的小件餐具造型，一般多选择寓意吉祥如意的龙、凤、折扇、宝塔等造型。中餐主题宴会多是 10 人台位，有“十全十美”的寓意。

（2）西餐主题宴会餐台

西餐主题宴会餐台有长方形餐台、“T”形餐台、“工”字形餐台、“E”形餐台等，其中以长方形餐台最常见。餐台上的小件餐具一般包括餐刀、餐叉、餐勺、装饰盘、菜盘、面包盘和各种酒杯，其色泽光亮、材质考究。

（3）中西混合主题宴会餐台

中西混合主题宴会餐台可用中餐主题宴会的圆台或西餐主题宴会的各种餐台，小件餐具一般包括中餐的筷子，西餐的餐刀、餐叉、餐勺、各种酒杯和其他小件餐具，餐台的装饰和造型采用中西合璧的形式，以分餐形式作为主要的进餐方式。

### 2. 按餐台用途分类

（1）主题餐台

餐台又称食台、素台，餐台的餐具是根据宴会就餐人数、菜单的编排和宴会标准来配用的，例如，7 件头、9 件头、12 件头等。餐台上的各种餐用具要摆放在每位宾客就餐席位前，间距适当、洁净实用、美观大方。各种装饰物品尽量集中摆放，保持整齐。主题餐台多用于中档宴会或高档宴会。

（2）主题看台

看台又称观赏台，是指根据宴会的性质、内容，用各种小件餐具、小件物品和装饰物品摆成各种图案和造型，供宾客在就餐前观赏的餐台。宴会开始上菜时，服务员撤掉桌上的各种装饰物品，再把小件餐具分给各位宾客，供宾客在进餐时使用。主题看台多用于民间宴会和风味宴会。

（3）主题花台

花台是指艺术餐台，就是用鲜花、绢花、盆景、花篮以及各种工艺美术品和雕刻物品等，点缀构成各种新颖、别致的餐台。这种餐台设计要符合宴会内容，突出宴会主题，图案体现宴会特点，造型新颖独特，色彩明亮醒目。这样的餐台设计不仅有较高的艺术性和一定的实用性，而且一般都具有一定的代表性，所以多用于中高档宴会。

## 二、主题宴会餐台设计原则

### 1. 特色原则

（1）根据宴会主题体现宴会特色

例如，中式婚宴采用“囍”字、龙凤呈祥图案和大红色等元素突出喜庆特色，接待外宾采用代表友谊与和平的餐台等。

（2）根据宴会举办的季节体现宴会特色

春桃、夏荷、秋菊、冬梅，宴会可以利用季节的美来设计餐台。

（3）根据不同宴会规格体现宴会特色

宴会规格决定了餐桌的间距、餐位的大小、餐用具的种类和品牌、服务形式等，也决定着餐台是否包含看台和花台等装饰物。规格越高，宴会特色就越突出。

### 2. 实用原则

（1）以满足和方便宾客进餐需要为前提，要考虑多个因素，例如，餐桌间距、餐位大小，餐桌和椅子的高度与距离，餐具摆放、餐台大小与服务方式，儿童、老人和残疾人的特殊餐椅等。

（2）根据宴会菜品和酒品配备餐具和酒具。餐具配备要满足宾客进餐需求，中餐用中式餐具，西餐用西式餐具，上带骨菜品和味道较重的海鲜菜品应提前上洗手盅和食用工具等。

（3）以座椅正前方中心作为餐具摆放的重点，让宾客清楚地看到每个餐位的整套餐具。严格执行餐具摆放要求，整套餐具摆放紧凑，且距离固定，以拿餐具时不碰触另一件为宜，相邻两套餐具之间保持一定距离。

### 3. 美观原则

（1）餐台的装饰要符合宴会场所整体风格，突出整体性。普通主题宴会不能过于豪华富丽，菜品规格不能明显高于一般性菜品。高档主题宴会不能过于简单、单调，否则显示不出主题宴会的规格和档次，破坏宴会气氛。

（2）餐台的所有物品要体现文化艺术品位，突出艺术性。餐台上的餐用具、装饰品等要齐全、配套、整洁。要善于利用不同材质、色彩和造型的餐用具，进行组合摆放。

### 4. 便捷原则

在实用、美观的前提下，餐台设计要做到方便快捷，餐位之间既要便于宾客用餐和其他活动，又能确保服务员工作的顺利进行。宴会场所各种标识清楚易懂，宾客活动区域与服务员活动区域界限清晰、合理，餐具的选用和摆放正确恰当、方便紧凑，骨碟靠桌边客位，左边是口汤碗，右边是筷子、筷架，中间是酒具。

### 5. 礼仪原则

餐台的设计要以不违背各国各民族的社交礼仪、生活习惯、宴饮习俗为前提。主人与主宾的餐位应面向入口，翻译陪同及其他宾客的餐位按照国际惯例进行安排。餐用具的颜色、餐巾折花、供应的酒类、插花花材、服务形式等要符合国际礼仪、各民族的风俗习惯与宗教信仰。

6. 卫生原则

安全卫生是主题宴会的前提与基础。餐台摆放所用的台布、口布、小件餐具、调味瓶、牙签筒和其他装饰物都要保证清洁卫生，特别是小件入口餐具和餐巾。服务员要注意手和操作工具的洁净，符合卫生标准。摆台时要注意手与餐用具的接触位置，避免对餐用具的污染。提倡分餐制就餐方式和共餐制时使用公用餐具的就餐方式。

## 三、主题宴会餐台设计要求

1. 根据宾客的用餐要求进行设计

在设计主题宴会餐台时，首先应考虑宾客的用餐要求，尤其是宾客用餐的方便性；其次，为了提高服务员在宴会中的服务效率，需要合理设计每个餐位的大小和形状，控制餐位之间的距离，选择合适的餐用具并合理摆放。

2. 根据宴会的主题和档次进行设计

宴会餐台设计应突出宴会的主题，例如，寿宴应摆出“寿”字图案、采用“福如东海寿比南山”、松树、寿桃等元素，谢师宴应采用蜡烛、康乃馨、微型讲台、粉笔等元素。同时餐台设计需考虑主题宴会的档次，根据主题宴会档次的高低来决定餐位的大小、装饰物和餐用具的造价、质地和件数等。

3. 根据宴会菜品和酒水特点进行设计

不同菜品搭配不同餐具，不同酒水搭配不同酒杯。根据不同的主题宴会配备不同类型的餐用具及装饰物，其中菜品和酒水的特点决定了餐用具和装饰物的选择与布置。中餐主题宴会应选用中式餐用具，如筷子、口汤碗、汤匙等。西餐主题宴会需根据不同的菜品配备不同的餐用具，包括头盘刀叉、沙拉刀叉、主餐刀叉、甜品勺叉、汤勺等，不同的酒水应配不同的酒具，因为酒具会对酒的口感产生一定的影响。

4. 根据宴会美观性要求进行设计

将主题宴会中所用到的各种餐用具进行艺术性的陈列和布置，能够起到烘托宴会气氛、增强宾客食欲的作用，所以餐用具需要结合文化传统和美学原则进行创新设计和选用，兼顾美观精致和实用性，不给宾客造成凌乱的视觉感受。

### 5. 根据民族文化和饮食习惯进行设计

各民族有着不同的饮食文化，在选用小件餐具时要有所区分，选用符合其用餐习惯的餐用具。餐台和席位的安排要根据各国和各民族的传统习惯来确定。注意餐台上花卉的摆放，尤其注意各国和各民族在花卉使用上的禁忌。

### 6. 根据卫生要求进行设计

餐台上所摆放的物品直接与宾客接触，安全、卫生是餐台设计的基本要求，台布、口布、小件餐具、调味瓶、牙签筒和其他各类装饰物品都要保持清洁、卫生，特别是小件餐具。服务员要保证手和操作工具的清洁无污染，折叠餐巾要注意操作卫生，不触碰筷子尖和汤匙舀汤部位，不触碰口汤碗内壁、盘内壁和杯口等与宾客口部直接接触的部位。

# 学习单元 2　主题宴会餐台设计内容与方法

## 一、台型设计与布置

主题宴会台型设计与布置就是将主题宴会所用的餐桌根据宴会场所情况、宴会主题、宴会形式、用餐人数、习惯禁忌及宴请方要求等进行排列，组成各种格局，不同类型的主题宴会需采用不同的台型。

### 1. 中餐主题宴会台型设计与布置

中餐主题宴会一般采用圆桌，小型中餐主题宴会为 3 ~ 5 桌，如图 1-2-1 所示；中型中餐主题宴会为 10 ~ 30 桌，如图 1-2-2 所示；大型中餐主题宴会为 30 桌以上，如图 1-2-3 所示。

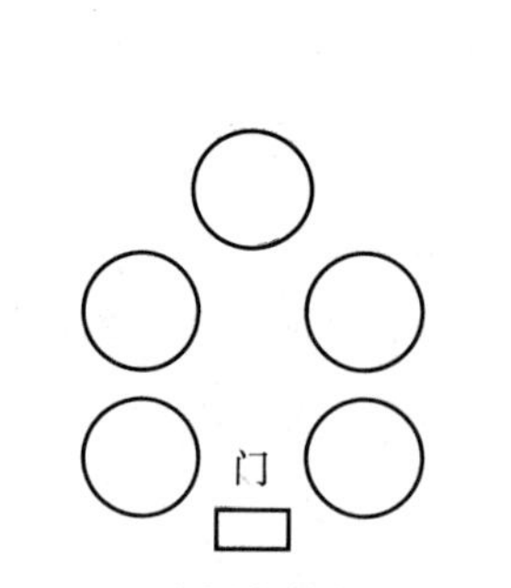


图 1-2-1　小型中餐主题宴会台型

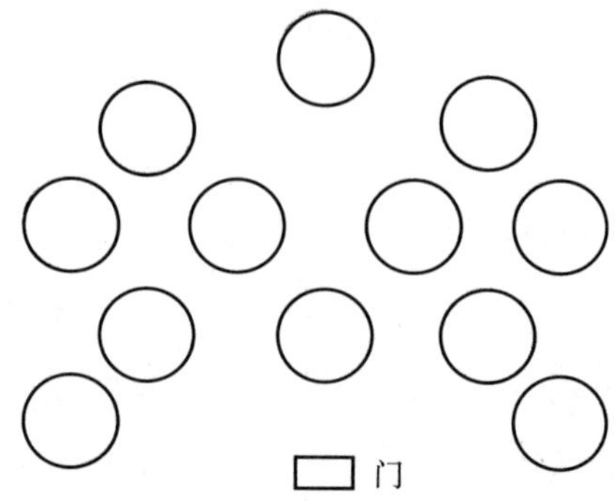


图 1-2-2　中型中餐主题宴会台型

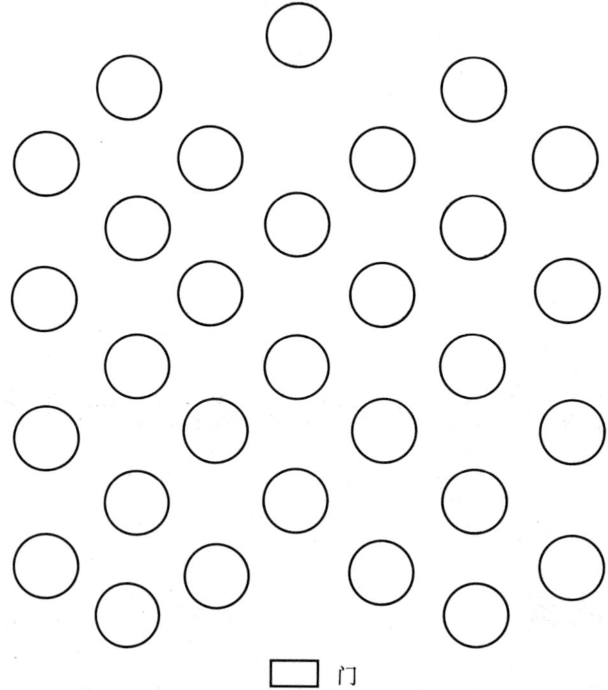


图 1-2-3　大型中餐主题宴会台型

## 2. 西餐主题宴会台型设计与布置

西餐主题宴会餐台一般采用长条桌，按照不同的台型可以分为：“一”字形或直线形台型，如图 1-2-4 所示；“U”形台型，如图 1-2-5 所示；“T”形台型，如图 1-2-6 所示；“M”形台型，如图 1-2-7 所示；“口”字形台型，如图 1-2-8 所示；此外，还有鱼骨刺形台型，如图 1-2-9 所示；梅花形台型，如图 1-2-10 所示；课桌式台型，如图 1-2-11 所示等。

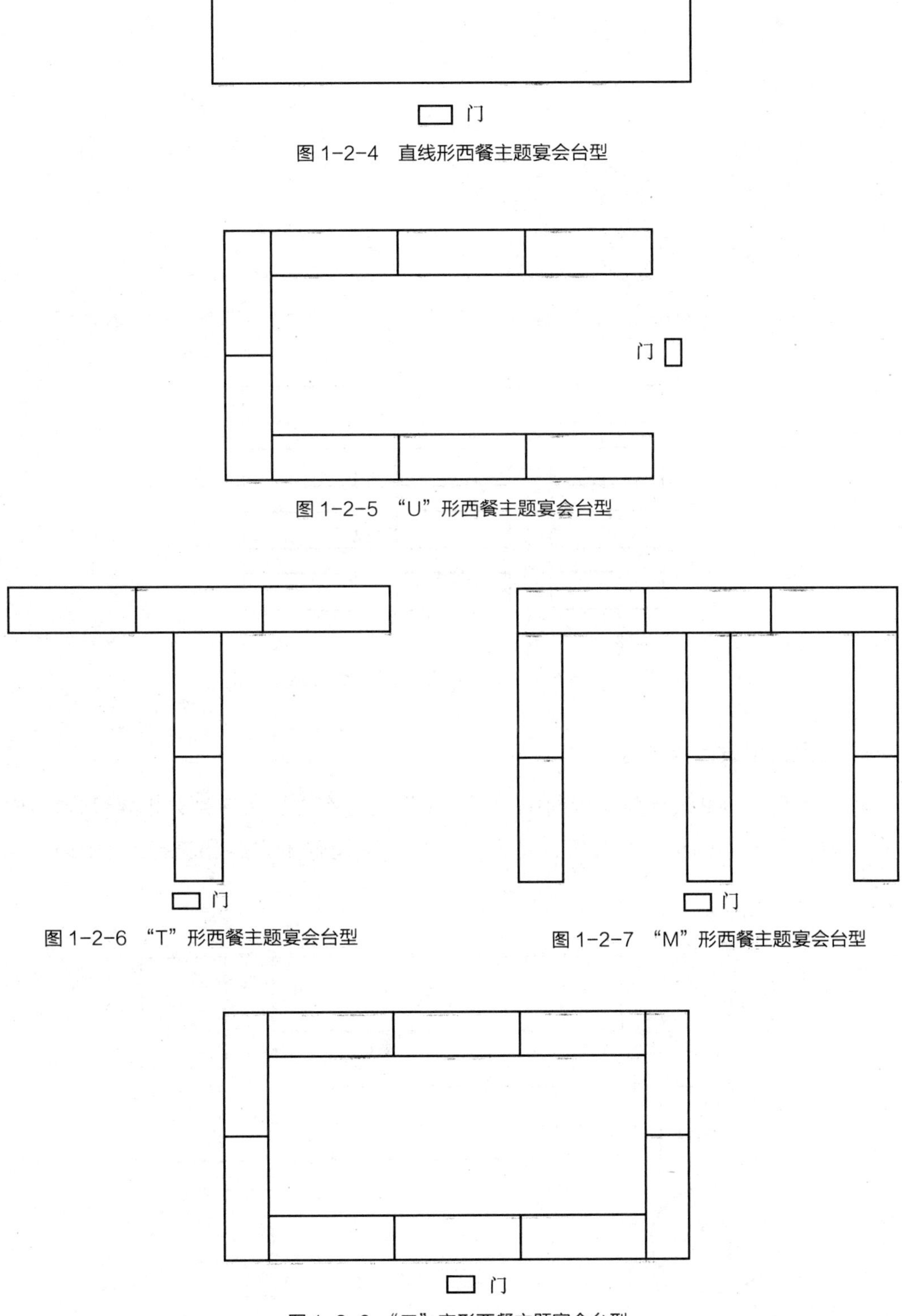


图 1-2-4　直线形西餐主题宴会台型

图 1-2-5　“U”形西餐主题宴会台型

图 1-2-6　“T”形西餐主题宴会台型

图 1-2-7　“M”形西餐主题宴会台型

图 1-2-8　“口”字形西餐主题宴会台型

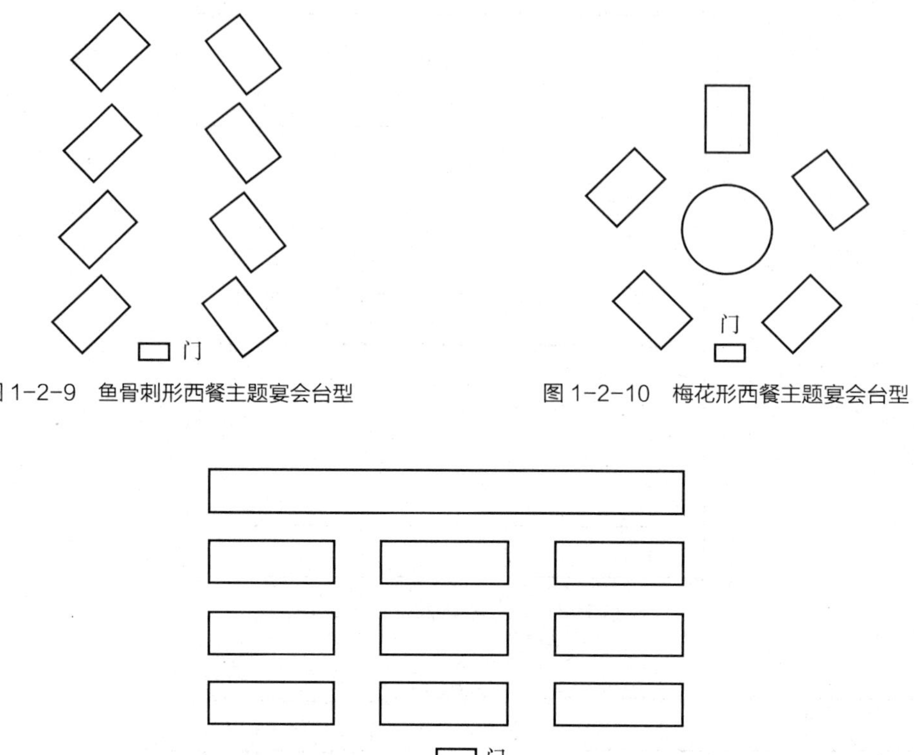


图 1–2–9　鱼骨刺形西餐主题宴会台型

图 1–2–10　梅花形西餐主题宴会台型

图 1–2–11　课桌式西餐主题宴会台型

### 3. 鸡尾酒会台型设计与布置

鸡尾酒会的台型设计与布置同中、西餐主题宴会存在较大区别，主要设计及布置舞台、酒吧台、小圆桌、茶几等，不摆放桌椅，不设置主宾席和菜台，如图 1–2–12 所示。

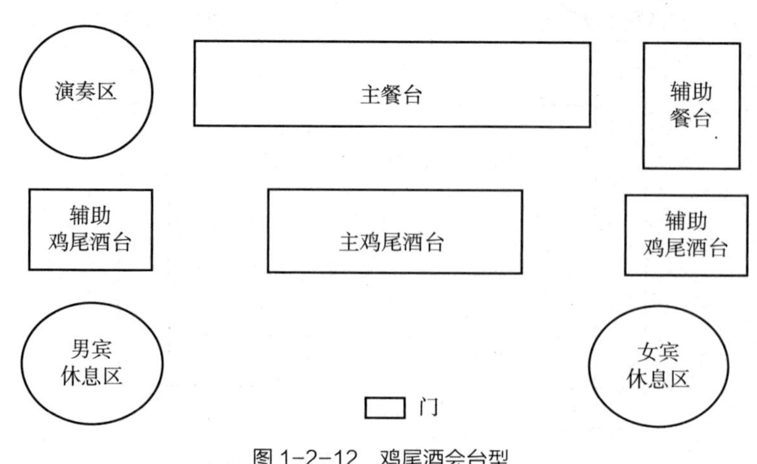


图 1–2–12　鸡尾酒会台型

### 4. 冷餐酒会台型设计与布置

冷餐酒会的台型设计与布置有设座和不设座两种方式，需要考虑空间的设计与布置、宾客的行走路线，也需要考虑菜品的类别和摆放，可以设置中式冷菜、西式料理、寿司台、烧烤台 4 个菜台和酒吧台、甜品台、舞台、酒台等，如图 1–2–13 所示。

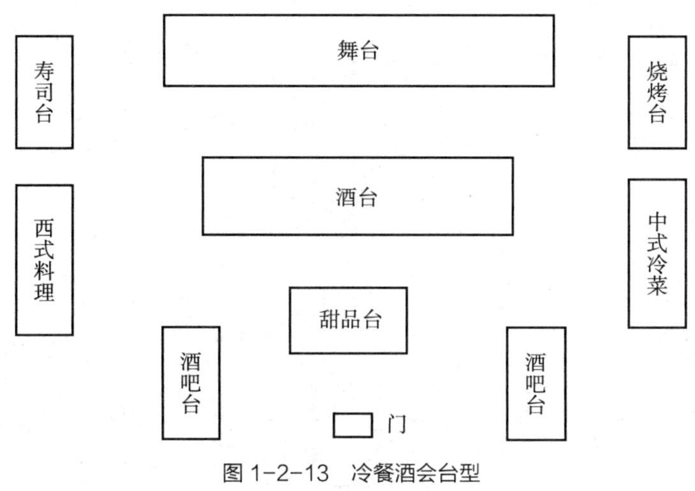


图 1–2–13　冷餐酒会台型

### 5. 自助餐台型设计与布置

自助餐通常包括冷菜台、热菜台、面食台、甜品台、舞台、冷饮台、酒水台等，菜品要按照宾客取食习惯和用餐顺序进行摆放，根据菜品分布区域进行自助餐台型设计与布置，如图 1–2–14 所示。

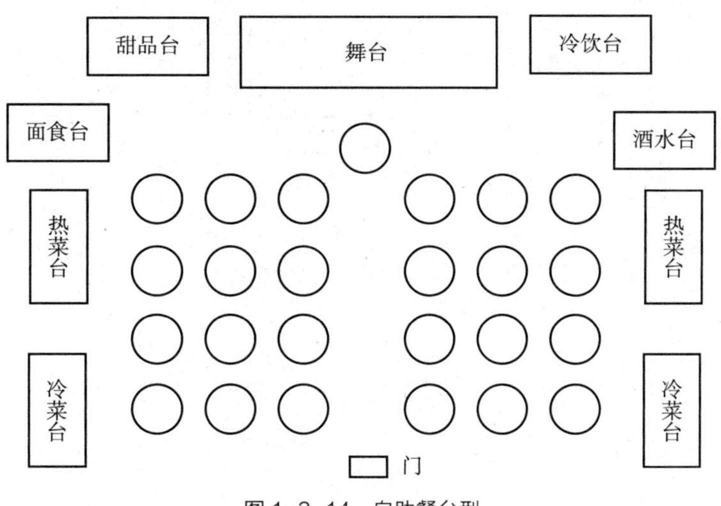


图 1–2–14　自助餐台型

## 二、席位设计与布置

### 1. 中餐主题宴会席位设计与布置

（1）方桌

方桌也叫八仙桌，在中餐主题宴会中较少出现，如图 1–2–15 和图 1–2–16 所示。

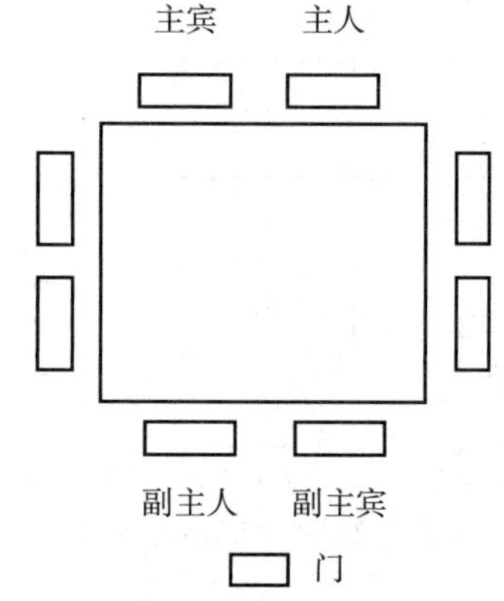


图 1–2–15　方桌席位设计与布置（一）

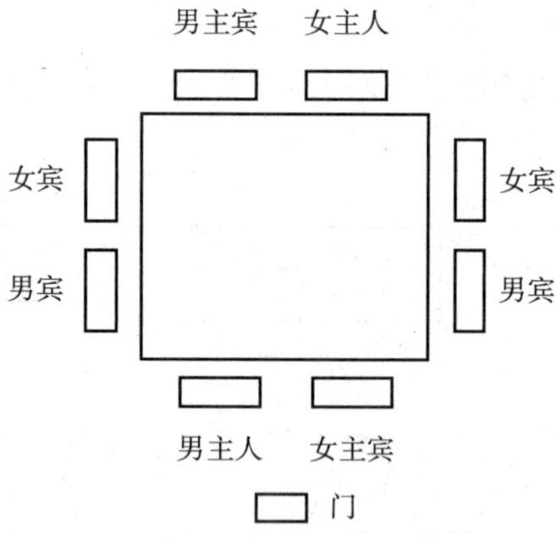


图 1–2–16　方桌席位设计与布置（二）

（2）圆桌

圆桌席位的排序主要借鉴了西餐席位的安排规则，以右为尊，主客交叉，如图 1–2–17 和图 1–2–18 所示。

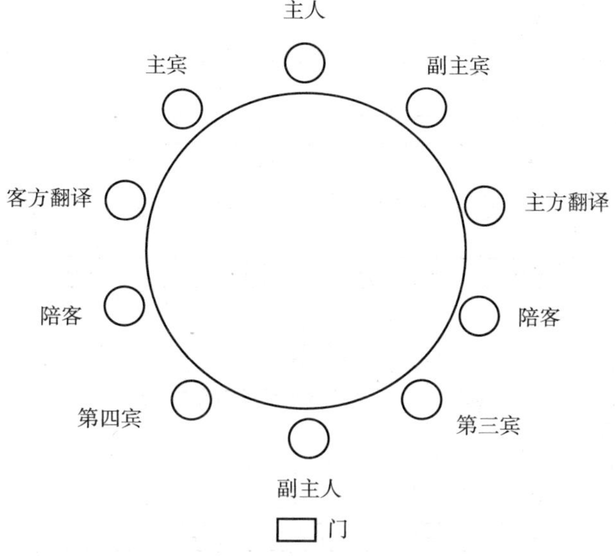

图 1-2-17　圆桌席位设计与布置（一）

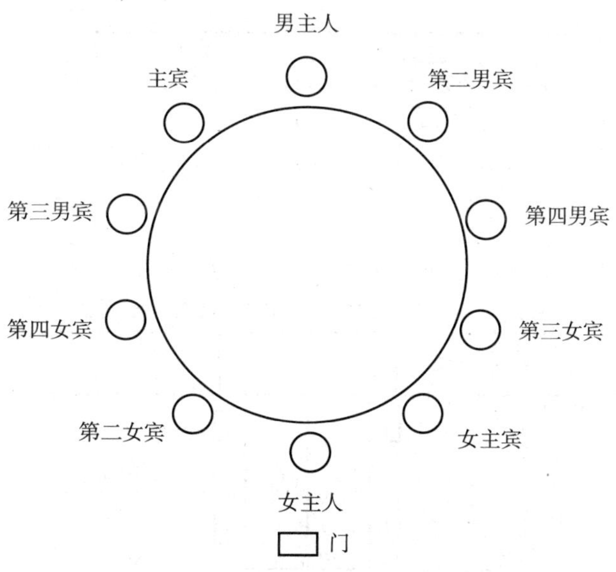

图 1-2-18　圆桌席位设计与布置（二）

## 2. 西餐主题宴会席位设计与布置

随着西餐主题宴会台型的变化，西餐主题宴会席位的设计与布置也相应地发生变化，有方桌席位，如图 1-2-15 和图 1-2-16 所示；长桌席位，如图 1-2-19 和图 1-2-20 所示；“T”形台型席位，如图 1-2-21 所示；“M”形台型席位，如图 1-2-22 所示；圆桌席位，如图 1-2-17 和图 1-2-18 所示。

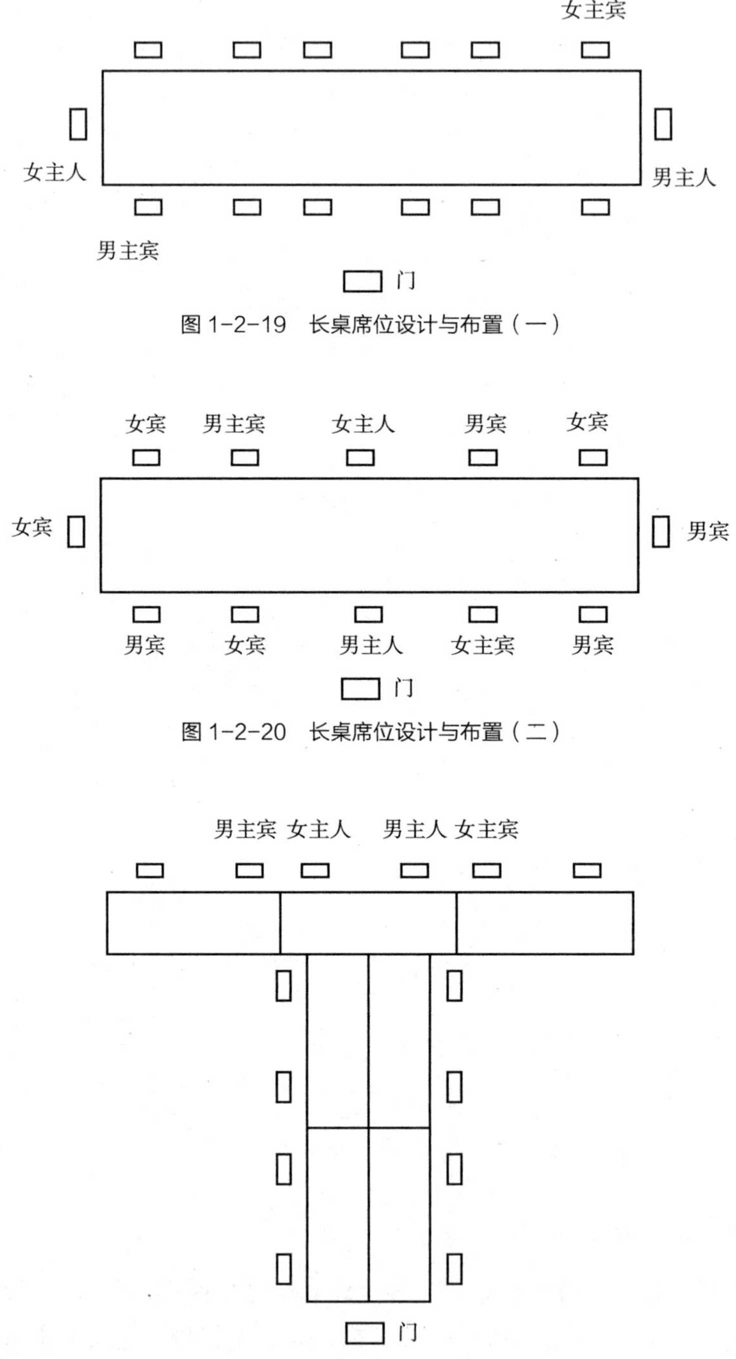


图 1-2-19　长桌席位设计与布置（一）

图 1-2-20　长桌席位设计与布置（二）

图 1-2-21　“T”形台型席位设计与布置

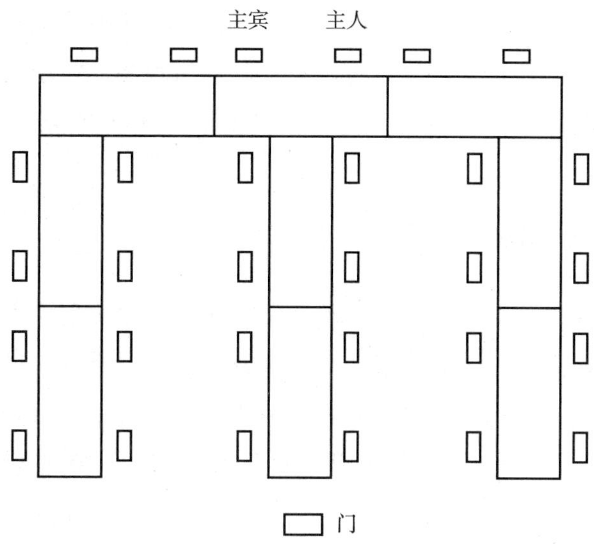


图 1-2-22 “M”形台型席位设计与布置

## 三、台布、台裙设计与布置

台布、台裙在餐台中占有较大的面积，基本决定了餐台的主色调和风格。为了更好地突出宴会主题和渲染宴会气氛，台布和台裙的颜色、款式和材质要与宴会主题相协调。台布和台裙有印花、刺绣、编织等各种花式，台布中心也是餐台的中心，应选用展示餐台主题的中心图案，台裙的图案要与餐台中心图案相搭配，材质与台布相一致，颜色与餐台相协调。

## 四、餐台中央装饰设计与布置

餐台中央装饰以插花、花台、花环和其他装饰物为主，采用不同形状和不同材质的器皿，体现不同的宴会主题。中餐主题宴会多采用圆形插花、花台或花环来装饰，西餐主题宴会一般采用椭圆形或线形插花、花台或花环以及烛台来装饰。选用的花卉要与宴会场景风格、主题格调、餐台布置相吻合，花色和种类的搭配要富有艺术性，数量适中，花瓶等盛器应选择与餐用具一致的质地。

## 五、餐巾花设计与布置

餐巾花大致可以分为杯花、盘花和环花三种，其中中餐宴会多选用杯花，西餐宴会多选用盘花，有时也会选用环花。目前中餐宴会也越来越多地选择盘花和环花，因其更加简洁大方，且洁净、卫生。不同材质、颜色和规格的餐巾可以折叠出丰富多彩的动植物等造型，通过造型所蕴含的寓意突出及烘托出不同的宴会主题和气氛。

## 六、餐酒具选择与搭配

餐酒具是餐台设计与布置的主体，其种类繁多，风格多样，在满足宾客基本需求的基础上，能够美化餐台，渲染气氛，增进食欲。根据餐饮习惯，有中式、西式、日式和韩式餐酒具等，同一种形式和风格的餐酒具在质地、形状和档次上又存在差异。餐酒具不仅有单个的个体美感，又有整套餐酒具带给宾客的整体美感。

## 七、餐椅的装饰设计

餐椅是指各式椅子和对椅子起保护、装饰和舒适作用的椅套、装饰品和坐垫。根据宴会主题、规格、格调等来设计椅子的款式、材质和颜色，确定是否配置以及配置哪种材质和颜色的坐垫、椅套和装饰品。中餐主题宴会可以运用红色牡丹绣花坐垫，装饰品选择彩绳、彩穗和中国结等。西餐婚宴可以选用蝴蝶结挂在餐椅背后，并在每个蝴蝶结中插一束白色或红色的玫瑰花，以突出宴会主题，渲染浪漫气氛，提高宴会格调。

## 八、菜单的设计与陈列

菜单是根据宴会的结构和要求将宴会菜品按照一定比例和程序编制而成的菜品清单，菜单的内容、材质和外观可以反映出宴会的主题、风格和档次。酒店在进行菜单设计时，需要掌握宾客信息，明确宴会主题和规格，确定宴会风味，选择核心菜品，配备辅助菜品，核算菜品成本，命名菜品，编辑图文样式，选择菜单材质。菜品的陈列有三种形式，平放式是最传统的陈列方式，正、副主人各一份；竖立式是将菜单的折页打开，立放于餐台上，可增强立体感和层次感；卷筒式可人手一份，方便宾客在离开时带走作为留念。

## 九、台号、席位卡等小件装饰品的设计与布置

台号、席位卡、餐垫、筷套等小件装饰品是主题宴会餐台设计与布置的细节部分，

恰当精美的设计与布置能够提高餐台的整体效果，所以必须在充分了解主题宴会的规格、风格和宾客的需求后，进行精心设计与布置。虽然小件装饰品是精致的点缀，作用不可忽视，但其数量却不可过多，以免显得繁杂凌乱。

## 十、斟酒的顺序与分量

### 1. 斟酒的顺序

遵循先宾后主、女士优先的原则，顺序为：女主宾—女宾—女主人—男主宾—男宾—男主人。一名服务员提供服务时，从主宾开始按顺时针方向进行斟酒。两名服务员同时提供服务时，一名从主宾位置、另一名从副主人位置开始，顺时针方向进行斟酒。

### 2. 斟酒的分量

正确的斟酒量可以最大限度地发挥酒体风格及表现对宾客的敬意（见表 1-2-1）。

表 1-2-1 酒类与斟酒量

| 酒类 | 斟酒量 |
| --- | --- |
| 白酒 | 八分满，不与其他酒掺兑，酒杯容量较小 |
| 啤酒 | 八分满 |
| 黄酒 | 八分满，加温后搭配姜片、话梅、红糖等调味品 |
| 葡萄酒 | 红葡萄酒为 1/2 杯，白葡萄酒为 2/3 杯 |
| 威士忌 | 斟酒量为 1/3 杯，通常会加冰 |
| 白兰地 | 斟酒量为 1/5 杯，通常会加冰 |
| 香槟酒 | 分两次进行，第一次斟酒 1/3 杯，第二次续倒至 2/3 杯 |
| 鸡尾酒 | 斟酒量为 2/3 杯或八分满 |
| 利口酒 | 斟酒量为 2/3 杯 |
| 酸酒 | 斟酒量为 2/3 杯 |

# 学习单元3　典型主题宴会餐台设计与布置

## 一、婚宴餐台设计

婚宴在主题宴会餐台设计中是一个最常见的主题。婚宴餐台是人们最常接触到和最熟悉的一种主题宴会餐台，设计不断推陈出新且创意十足，所以婚宴餐台也是最具吸引力和浪漫色彩的主题宴会餐台。婚宴餐台设计主题有“百年好合”“浪漫满屋”“与子偕老”“I Do”“汉风情韵”“天长地久”“花好月圆”“凤求凰”“蝶恋花”等。

### 【案例】“汉风情韵”婚宴餐台设计

本案例不同于一般的传统中式婚礼，更不同于西式婚礼，而是一场以周礼为蓝本，以典雅、尊贵为气韵的传统汉式婚礼，反映了中国古老的婚礼文化和其中所体现的夫妻相处之道，更加彰显了婚礼的庄重性。

这场汉风婚礼尽显汉民族的传统婚礼文化，整个桌面以红、黑两种颜色为主，既赋予了喜庆祥和之意，又大气磅礴。桌布、口布、椅套都以红、黑色为主，配有中国传统的祥云图案，与主题“汉风情韵”相契合。口布采用盘花设计，主人位盘花为“情意绵延”，副主人位盘花为“相守相依”，其他宾客盘花为“众星捧月”，赋予两位新人美好的祝福。桌面中心采用透视手法，前低后高，通过镂空屏风衔接在一起，如同两个家庭的结合与相处。屏风看似一扇门，寓意新郎和新娘携手入门步入崭新的幸福生活。牡丹花卉寓意厮守相依，不离不弃，犹如两位新人在爱情宣言中所言的彼此守候。牡丹盛开芳香来，蝴蝶扑面自然来。蝴蝶点缀中间，烘托出两位新人珠联璧合情如蜜、海誓山盟誓比坚的爱情。两侧挂有“汉风情韵”主题的大红对联，象征着吉祥如意，如同一盏明灯，为两位新人指引幸福方向。餐具采用汉式图腾，一对祥龙图案不仅有厚重的文化感，又寓意着两位新人相守相依，永结同心。酒具别出心裁，采用红色陶瓷酒樽，呈现出汉式韵味。卷轴菜单，精巧复古，与餐台和主题风格相一致。

## 二、生日宴会餐台设计

每个人每年都会过一次生日，一生中又有几个重要的生日，如 1 岁生日、成人日、60 大寿、百岁生日等，所以生日宴与每个人的生活联系最为紧密。生日宴的餐台设计常突显的主题有“德茂古稀”“生日宴”“寿比南山宴”“家有小女・儿童周岁宴”等。

**【案例】“家有小女・儿童周岁宴”**

本案例从小女孩视角出发，营造出了一个天真无邪、轻松烂漫的童话世界。让小寿星进行传统的抓周游戏，既体现父母和亲朋好友对她的美好祝愿，又增加了主题宴会的互动性和体验性。

宴会以黄、橙、白三种颜色调烘托喜庆热烈的气氛，也寓意着小寿星今后将会有一个温馨甜蜜、一帆风顺的成长环境。底层台布用暖色调，上层台布的印花突出小寿星的可爱，与整桌的餐具和主题相契合。餐巾选用纯棉质地，从宾客使用舒适度考虑，辅以贴近主题的花型。餐具采用定制的骨瓷，体现出宴会的档次和酒店的高品质定位，这套餐具也可在酒店以后的宴会中使用。小寿星的餐具是一套健康环保材质的儿童餐具，并作为礼物赠予小寿星，从而为酒店贴心细致的服务做了宣传。

装满糖果的玻璃罐取代了日常宴会餐台中心的插花装饰，既符合周岁宴的气氛，也在色彩上起到装饰效果，还能成为开胃食品，供宾客品尝，甜甜的水果糖也寓意着小寿星今后甜蜜的生活。花朵造型的铁艺和鲜花同玩具长颈鹿融合在一起，与整桌棉织品和餐具相呼应。小寿星抓周用的勺子、尺子、绣线、缝纫机玩具、钢琴玩具、iPad（苹果平板电脑）、彩色笔分别代表了厨师、服装师、音乐家、IT（Information Technology，信息技术）精英、设计师等职业，小寿星的抓周过程可以增加宾客的体验感。菜单造型充满童趣，内页的内容来自小朋友们的手工创作，菜单中的菜品和饮料营养丰富，口味酸甜，深受小朋友喜爱，也有成人喜欢的鲜牛奶和豆制品，有利于健康养生。

酒店员工为了配合整体宴会气氛，一改往日中式典雅的工装，特地量身定制了贴近小朋友生活的可爱套装，起到点明主题的作用，收获最佳的效果。

## 三、商务宴会餐台设计

商务宴会主题主要来源于各企业或组织之间以建立合作关系、增加业务联系、达成洽谈合作等为目的的众多商务事件。随着各行各业经济交往日益频繁，人们对商务宴会的需求日益增加。商务宴会的主题有“白鸽报喜，再续佳绩”“和谐发展迎宾宴”“渔韵·悠然”“诗意江南欢迎宴”“白蓝齐飞，共创佳绩”等。

**【案例】“白鸽报喜，再续佳绩”**

餐台桌布、椅套为蓝色，蓝色有智慧、博大、纯洁之意，寓意深远，是忠诚的象征，也是企业运用最多的颜色，契合宴会主题。蓝色台布上铺着柔和的米黄色桌旗，桌旗上绣有黑、白两种颜色的牡丹花，栩栩如生。蓝色椅套背部右上侧绣有牡丹花图案，清新淡雅，高贵大方。米黄色筷套高雅华贵，与绣着牡丹花的米黄色桌旗相呼应。白色口布、瓷质白底金边的餐具、晶莹剔透的高脚杯，华贵亮丽、大气雅致，显示了干练和知性的风格。白色口布叠成礼帽状盘花，“帽檐”上翘，呈飞翔之势，与白鸽展翅状相呼应。主人位是蜡烛，寓意双方未来合作将红红火火。餐盘、骨碟、口汤碗、汤匙、筷架等均为瓷质白底金边，并有三种金边高脚杯，质地高档，适合高档宴会使用，尽显双方辉煌成就。

餐台中间装饰物为花草树木造型，显得生机勃勃。其中花可选用对合作方具有特殊意义的花，以表相互尊重；中间树干象征双方合作意志坚定，发展空间无限；白鸽栖息枝头，为人们传递美好的信息，更表友谊、祥和、昌盛之意。主题外观设计既表现出了极强的生命力，又表达出合作双方的美好期望。

菜单选用与主题色彩相一致的蓝色双页封面，上有宴会举办方公司标识，并有“白鸽报喜，再续佳绩”的主题词。白鸽栖息枝头，下面花开茂盛。菜单中字体与字号美观大方，欣赏性较强。菜品搭配符合宾客口味，对方为德国公司，德国人口味较重，食物偏酸、偏油，他们偏爱马铃薯，更爱猪肉制作的各种香肠，所以在选择菜品时以肉类尤其以猪肉为主，运用多种烹调方法，保证酸碱平衡，营养均衡。

**【案例】高峰论坛宴会餐台设计与布置**

1. 宴会主题

中国环境保护产业协会在杭州举办了绿色环保主题的高峰论坛，世界各国学者和企业家齐聚一堂，杭州市政府在 ×× 酒店设宴款待与会的所有宾客。本次宴会以“手手相连做环保，心心相印寻绿色”为主题。

2. 接待任务

时间。2018 年 × 月 × 日。

地点。×× 酒店。

参加人员。参加绿色环保高峰论坛的学者和企业家及政府工作人员共 50 人。

宴请标准。会议宴会，每桌 10 人，共 5 桌。

宴会要求。充分展现本次宴会主题，满足所有宾客需求，为宾客提供个性化服务，衔接好宴会各个环节，顺利完成本次宴会所有任务。

客情分析。本次宴会需要接待一个 50 人的团队，其中主桌 10 人为重点关注宾客，他们来自世界各地，受过高等教育，综合素养高（见表 1-2-2）。

表 1-2-2　主桌宾客信息介绍

| 姓名 | 性别 | 国籍 | 饮食爱好 |
|---|---|---|---|
| John | 男 | 美国 | 喜爱中国菜<br>（不吃动物内脏） |
| Amanda | 女 | 美国 | 喜清淡食物 |
| Carol | 女 | 英国 | 素食主义者 |
| Henry | 男 | 法国 | 喜爱甜食 |
| Jolin | 女 | 德国 | 喜爱中国菜 |
| Martin | 男 | 比利时 | 喜爱甜食 |
| Allen | 男 | 英国 | 喜清淡食物 |
| 吴 ×× | 男 | 中国 | 喜辛辣食物 |
| 吴 ×× | 女 | 中国 | 喜清淡食物 |
| 徐 × | 男 | 中国 | 喜辛辣食物 |

3. 场景分析

（1）宴会场地

1）规模。该宴会厅面积有 100 $m^2$，可安排 10 桌以上台型，容纳 100 人以上。

2）规格。该宴会厅在酒店中属于精致高档型，常用来宴请重要的商务人士。

3）环境。酒店紧邻西湖，风光秀丽，景色宜人。宴会厅位于酒店高层，视野开阔，可纵览西湖全景。宴会厅内设施设备齐全，舒适优雅，整体环境与宴会主题协调一致。

（2）宴会台型

宴会厅设有 1 张主桌，4 张副桌，2 张工作台，1 个舞台，1 个正门，如图 1-2-23 所示。

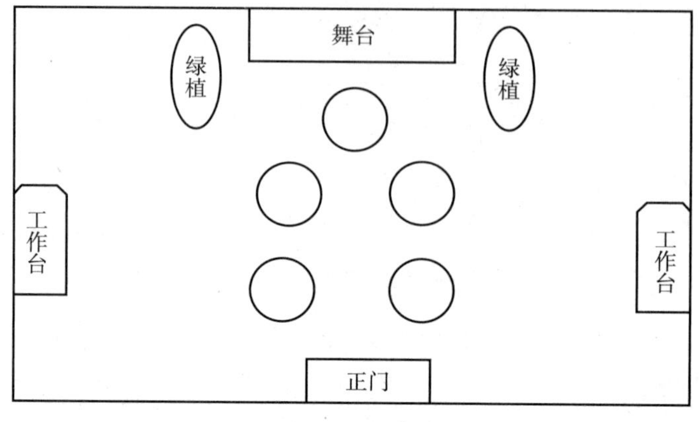

图 1-2-23　宴会台型

4. 台面设计

（1）中心装饰物

底部是一个印有地球图案的圆形木板，象征着我们美丽的地球家园，最外围是一圈前后相连的绿色单车，里圈是手手相连的不同肤色的各国人民，正中间是三台高度不同的风力发电机，寓意着人们用自己的行动保护地球。满地的绿叶寓意着全世界人民始终追求的环保目标，人们相信地球家园会永远充满绿色，充满生机，变得越来越美好。

（2）餐具

统一选用 11 in 的装饰盘和 7 in 的骨碟。装饰盘选用白底骨瓷，四周是一圈绿叶，筷套和牙签套上同样印有一片绿叶，与餐具相呼应，象征着绿色环保精神代代相传，生生不息，凸显宴会主题。

（3）布草

装饰布选用大气的墨绿色，台布以纯白色为主色调，搭配绿叶花纹，桌旗为白底绿边，两边搭配绿叶，装饰布、台布、桌旗均与餐具相呼应。口布选用白色高档纯棉布料，上印一片绿叶，与主题协调一致。

（4）服务人员服装

服务人员身着墨绿色的长款中袖旗袍，既符合主题且便于操作，又能彰显中国传统元素。

5. 菜单设计

（1）菜单设计元素

本菜单选用绿叶造型，材质独特，手感柔软，右上角印有中国环境保护产业协会的标识，呼应主题，绿叶中间书写菜单内容。

菜品选材丰富多样，健康新鲜，营养全面，多为杭州时令食材，具有杭州独特的饮食文化特色，荤素均衡，搭配合理。

（2）菜品介绍

阮墩环碧——江南冷碟　Cold Dishes in Jiangnan Style

柳暗花明——尖椒牛柳　Hot Pepper Beef

湖光山色——西湖醋鱼　West Lake Sweet and Sour Fish

宝石流霞——珍酿猪蹄　Stewed Pig's Trotters

水光云影——莼菜虾仁　Shelled Fresh Shrimps with Water Shields

波光粼粼——宋嫂鱼羹　Lady Song's Fish Broth

山明水秀——水芹百合　Lily-bulb Fried with Celery

青黛含翠——豆苗玉兰　Bean Sprout Fried with Chicoree

黄龙吐翠——美点双辉　Two Delicious Dim Sum

九溪烟树——时鲜水果　Fresh Fruit Plate

（3）菜品成本控制

考虑到宴会成本，菜品价每桌 2 680 元，酒水价每桌 1 200 元，合计每桌 3 880 元，毛利率 40%，符合酒店实际以及宴会接待标准。

## 课程 1-3　服务规程设计

### 学习内容

| 学习单元 | 课程内容 | 培训建议 | 课堂学时 |
|---|---|---|---|
| （1）宴会服务程序编制 | 1）宴会服务程序内容 | （1）方法：讲授法、案例教学法<br>（2）重点与难点：宴会服务流程的设计与编制 | 4 |
| | 2）宴会服务程序编制要求 | | |
| | 3）宴会服务程序编制方法 | | |

续表

| 学习单元 | 课程内容 | 培训建议 | 课堂学时 |
| --- | --- | --- | --- |
| （2）宴会服务人员分工 | 宴会服务人员数量预计及其分工 | （1）方法：讲授法、案例教学法<br>（2）重点与难点：宴会服务人员的分工 | 1 |
| （3）宴会服务工作计划制订 | 1）宴会服务工作计划制订类别<br>2）宴会服务工作进度安排<br>3）服务人员职责与工作区域划分 | （1）方法：讲授法、案例教学法<br>（2）重点与难点：宴会服务工作计划的制订 | 2 |
| （4）安排宴会服务人员培训 | 1）宴会服务人员培训内容<br>2）宴会服务人员培训方法 | （1）方法：讲授法、案例教学法<br>（2）重点与难点：宴会服务人员培训需求分析及培训计划的制订 | 4 |
| （5）控制预案编制规则与要求 | 1）控制预案编制规则<br>2）控制预案编制要求<br>3）典型控制预案的编制 | （1）方法：讲授法、案例教学法<br>（2）重点与难点：典型控制预案的编制方法 | 4 |

# 学习单元 1　宴会服务程序编制

## 一、宴会服务程序内容

### 1. 中餐宴会服务程序内容

（1）宴会开始前的准备程序

宴会开始前的准备程序是宴会顺利开始和圆满完成的前提，为宴会就餐服务和收尾工作奠定了坚实的基础，包括宴会承接工作、宴会组织工作、宴会准备工作和宴会迎接工作。

1）宴会承接工作

①受理宴会预订。受理宴会预订时需要掌握宾客与宴会的有关情况，主要包括以下内容。

“九知道”：知道台数，知道人数，知道宴会标准，知道开餐时间，知道菜式品种，知道出菜顺序，知道主办单位，知道房号，知道邀请对象。

“四了解”：了解宾客风俗习惯，了解宾客生活禁忌，了解宾客特殊需要，了解外宾国籍、宗教信仰、禁忌和品味特点。

高规格宴会：掌握宴会目的和性质，宴会正式名称，宾客年龄和性别，有无席次表、席位卡，有无音乐或文艺表演，有无主办方指示、想法、要求，有无司机费用等。

②签订宴会合同。填写宴会预订单，收取宴会预订金或抵押支票，宴会合同由双方签字生效。

③通知宴会服务部门做准备工作。将主办方预订宴会的详细情况以书面形式通知宴会服务部门或人员。

2）宴会组织工作

①召开全体工作人员会议，传达信息，要求每位服务人员做到“九知道”“四了解”。

②确定负责人员。较大规模的宴会需要确定总指挥，由其在准备阶段向服务人员交代任务、讲解意义、提出要求、宣布分工和服务注意事项。

③明确分工。根据宴会要求，对迎宾、值台、传菜、供酒、衣帽间、贵宾室等岗位，都要做到分工明确。保证每位服务人员明确具体任务、责任到人、思想重视、工作严谨，做好人力、物力等准备工作。

3）宴会准备工作。根据宴会的规模、档次和布置的难易程度，每个酒店对宴会的准备时间也有着不同的规定。一般场景布置在开餐前 4 h 进行，台型布置在开餐前 2 h 进行，筹备工作在开餐前 8 h 启动。

①场景布置。场景布置需根据宴会主题和主办方要求，一般在宴会场所周围摆放盆景花草，或在主台后用花坛、画屏、大型青翠树枝盆景装饰，用以增加宴会隆重、盛大和热烈的气氛。

②台型布置。管理人员根据宴会场所的面积和空间、宴会要求等情况，设计好餐桌排列图，设计时按照“中心第一、先左后右、高近低远”的原则进行。布置要做到突出主台、排列整齐、间隔适当，同时方便宾客就餐和服务员席间操作。通常宴会中每桌占地 10～12 $m^2$，桌间距至少为 2 m，重大宴会的主通道要适当放宽，铺上红地毯，突出主行道。

③熟悉菜单。服务员应熟悉宴会菜单中所有菜品名称、风味特色、烹饪原材料、

烹饪方法、历史典故等，以备回答宾客对菜品的询问。服务员要了解每道菜的服务流程，做到上菜和派菜流程准确无误。

④物品准备。根据菜单的服务要求，准备好银器、瓷器、玻璃器皿等餐酒具，准备好搭配菜品的作料，准备好鲜花、酒水、香烟、水果等物品。

⑤铺设餐台。通常摆台要在宴会开始前 1 h 进行，服务员先洗净双手，铺台布和摆放餐具时注意餐具之间的距离，拉开座椅，保证座椅距离均衡。

⑥安排席面。在正式宴请中，每位宾客座位前需放席位卡。按照宾客身份，在卡片上注明姓名，便于宾客对号入座。

⑦摆设冷盘。大型宴会开始前 10 ~ 15 min 摆好冷菜，宴会开始前 10 min 斟倒预备酒，以白酒和葡萄酒为主，啤酒和饮料等酒水不适于作预备酒。

⑧全面检查。全面检查是对准备工作的查漏补缺，在宴会准备工作全部结束后，需要进行一次全面检查，检查所有接受任务的宴会员工的工作完成情况和个人卫生、仪表装束等，检查包括调料等细小物品的准备是否齐全，检查场地情况以及音响、话筒、照明等设备是否完好，检查主桌及主人位的安排是否正确，进行安全检查和消毒检查。

4）宴会迎接工作

①热情迎宾。根据宴会的入场时间，宴会主管人员和迎宾员提前在宴会场所门口迎接宾客，值台服务员站在各自负责的餐桌旁准备服务。宾客到达时，要热情迎接，微笑问好，待宾客脱去衣帽后，将宾客引入休息厅就座休息。

②接挂衣帽。大型宴会一般都会设置衣帽间，凭取衣牌存取衣帽。服务员接挂衣服时要手握衣领，切勿倒提，避免衣袋内的物品滑落。贵重衣服要用衣架，以防衣服变形。重要宾客的衣物要提前进行准备服务，衣物内贵重物品请宾客自行保管。规模较小的宴会一般不专门设置衣帽间，只在宴会场所门前设置衣帽架，服务员应做好接挂衣帽工作。

③端茶递巾。宾客进入休息厅后，服务员应礼貌地请宾客入座，根据其需求递送香巾、热茶或酒水饮料。递巾送茶服务要按照先宾后主、女士优先的次序进行。

（2）宴会中的就餐服务程序

1）入席服务。值台服务员站在各自服务的席台旁等候宾客入席。当宾客来到席前，服务员要面带微笑，引请入座。在照顾宾客入座时，按照女士优先、先主宾后一般宾客的顺序，优先照顾年老和年幼的宾客。服务员应双手扶椅背上端两侧，右脚尖顶住椅腿，将椅子后撤，待宾客要入座时向前轻推椅子，让宾客坐好。

宾客坐好后，首先将台号、席位卡、花瓶或花插拿走，其次把菜单放在主人面前；

接着给宾客上毛巾，帮助宾客打开口布，迅速上茶，根据宾客要求斟倒酒水；最后帮宾客除去并取走筷套。

2）斟酒服务

①服务员征求宾客意见，是否需要斟倒酒水以及斟倒哪种酒水，然后按照宾客要求斟倒酒水。如果宾客不要，则在征得其同意后，将空杯撤走。

②斟酒时，服务员应站在宾客身后右侧，右脚向前，侧身而进，右手握瓶斟酒，商标朝向宾客，瓶口离杯口 1 ~ 2 cm，斟至八分满。

③若只有一名服务员，应按照顺时针方向从主宾开始斟酒，然后是主人。若有两名服务员，分别从主宾和副主宾开始，均按照顺时针方向进行。切忌左右开弓，即站在一个位置为两位宾客斟酒。

④在宾主互相祝酒致辞前，服务员应将所有宾客的酒水斟好。宾主讲话时，停止一切服务活动。讲话结束后，如果宾主间的座位有段距离，服务员应准备好两种酒，在宾主端起酒杯后拿起酒瓶紧跟宾主，随时准备为其斟酒。如果宾主在座位祝酒，服务员应在致辞完毕干杯后，迅速给宾客续酒。

⑤当宾客起立干杯或敬酒时，服务员应迅速帮其拉开座椅，将其席巾叠好放在筷子旁边，并拿起酒瓶跟着宾客，随时准备为其添酒。宾客喝至剩下 1/3 杯酒时就应当为其斟酒，宾客要求斟满时要按照要求为其斟满。当宾客准备就座时，应迅速将椅子向前推。拉椅、推椅都要注意宾客安全。

⑥宴会期间要及时为宾客添加酒水，直到宾客示意不用添加时为止。

3）上菜分菜服务

①按菜单顺序上菜，先冷后热，大致顺序为头菜、热菜、甜菜、汤菜、点心、水果等，上汤表示菜已上齐。在有外宾的情况下，有时也会把汤放在冷菜之后上，两道菜品上菜的间隔时间可根据宴会进程和主办方意愿确定。

②选择正确的上菜位置。陪同和翻译之间的位置一般作为上菜位置，将菜放在转盘中间。凡是鸡鸭鱼等整形菜或椭圆形大菜盘，摆放后应转动转盘，将菜品头的位置转向主人，腹部和胸脯对准主宾。

③冷菜可提前上，热菜需热上，从厨房取出热菜后要用银盖或不锈钢盖盖好，上桌后再取下盖子。

④大型宴会上菜速度要以主桌为准，保持全场统一，并按酒店规定的办法执行。主桌上什么，其他各桌也应上什么，不允许任何一桌擅自提前或错后上菜。

⑤每上一道菜，服务员要后退一步站好，然后主动向宾客介绍菜名、风味特点和历史典故。撤菜前一定要征询宾客意见，当宾客表示不需要后再撤下。

⑥在分菜、让菜服务中，服务员要熟悉操作步骤，胆大心细，动作轻稳并掌握好份数，均匀分菜，上菜时，要先上配料后上菜。

4）撤换餐具

①撤换餐具是为了不影响宾客品尝菜品的风味，同时保证宾客就餐的方便和卫生，是体现宴会优质服务的重要环节。宴会中撤换餐具应不少于 3 次，重要宴会则要求每道菜都需换盘。撤换餐具一般分别在吃冷菜后、喝汤后、吃带骨菜后、吃汁多芡多菜后、吃甜菜前、吃水果前这几个时间段。

②撤换骨碟时，需等宾客吃完碟中食物，如宾客菜未吃完前放下筷子，需征求宾客同意后再进行骨碟撤换。撤换时站在宾客右侧，按照先主宾后其他宾客的顺序，可先撤后换、边撤边换或撤换交替进行。

5）其他席间服务

①宴会进行中，要勤巡视，细心观察宾客的表情和示意动作，主动服务。服务时，应做到餐具轻拿轻放，右手操作，左手自然弯曲放在背后，做到态度和蔼、语言亲切、动作敏捷。不服务时，眼神专注，保持标准站姿，与餐台保持一定距离。

②如宾客在进餐中不慎将餐用具掉在地上，服务员应首先为其更换干净的餐用具，然后收走掉在地上的餐用具。

③如果宾客弄翻杯具，弄脏了餐台和衣服，服务员要迅速用餐巾帮助其擦干净衣服，用湿毛巾擦净台布，并用餐巾盖住被弄脏的桌面，然后为宾客换上新的杯具，重新斟倒酒水。

④宴会进行中，烟灰缸中有两个烟头时便要更换烟灰缸。先用干净的烟灰缸盖住桌上的烟灰缸，以防烟灰缸内的烟灰扬起污染餐台和食物，一起拿下后再把干净的烟灰缸放在餐桌上。

⑤宴会进行中，递送餐巾一般在喝汤后、吃海鲜类菜品后、吃水果后进行。将餐巾放在专用的小盘中，从每位宾客的右侧送上，放在其餐盘的右边。

⑥宴会中若有即兴演唱等活动，或有临时增加服务的项目，服务员要及时安排，尽量满足宾客需求。

⑦宾客用完水果后，便可撤掉水果盘、餐盘和水果刀叉，在餐台上摆好鲜花，表示宴会结束。

（3）宴会结束后的收尾程序

1）结账。上菜结束后开始准备结账工作。清点和计算酒水、香烟、作料、加菜等宴会菜单以外的费用，送收款处准备账单。结账时，现金现收，如果是签单、签卡或转账，应将账单送宾客或宴会经办人签字后送收款处核实，以便及时送财务部入账结算。

2）拉椅送客。主人宣布宴会结束后，服务员要提醒宾客带齐随身物品，主动为起身离座的宾客拉椅，随送或目送其至宴会场所门口。在大型宴会中，服务员无法一一拉椅和送客，应列队站在门口两侧，热情欢送宾客。切忌宾客还未离开宴会场所便进行收台。如宴会后有休息安排，则服务员需提前准备餐后服务。

3）取递衣帽。宾客离开座椅后，衣帽间服务员应迅速根据取衣牌号码，取来衣帽递给宾客。

4）收台检查。宾客离开座椅后，服务员及时检查餐台上是否有未熄灭的烟头，若有则及时熄灭；若有遗留物品，应立即送还宾客或者交给有关部门。待宾客全部离开宴会场所后再清理餐台，先清理餐巾、银器，然后清理酒水杯、瓷器、刀叉、筷子。

5）清理现场。将宴会场所恢复原样，餐用具重新复位，摆放整齐，将椅套取下，以备下次使用。

6）结束检查。所有工作做完后，领班要检查全部项目，全部合格后服务员方可下班。

### 2. 西餐宴会服务程序内容

（1）宴会开始前的准备程序

1）明确任务。收到西餐宴会预定任务后，宴会负责人应首先了解清楚宴会的规格、举办时间、宾客等基本情况和宴会主办方的特殊要求；然后召集服务人员开会，交代和布置具体任务，责任到人，确定完成任务的有效方法和注意事项。

2）布置和整理餐厅。首先，做好宴会场所、休息厅、卫生间、楼梯、过道等宾客活动区域的清洁卫生工作。其次，认真检查各个区域内的灯具、冷暖设备等，及时修理和调换问题设备。最后，按照宴会要求完成陈设、墙饰和绿化装饰等工作。

3）布置餐桌台型。西餐宴会的台型一般采用长桌形式，根据宾客人数、主办方要求及宴会场所的面积和设备等情况设计台型。餐桌及摆放整体上应遵循材质相近、高度一致、左右对称、美观实用、出入方便的原则。

4）备齐各种物品。根据宴会人数、菜单所列菜品和酒水等，领取辅助作料、茶、水果等。备齐所有餐用具，一般宴会小件餐具每客至少准备 3 套，较高级的宴会每客要准备 5 ~ 6 套。此外，还要准备一定数量的备用餐具，以应对宾客的特殊需求。烟灰缸和牙签等物品一般按照 4 客 1 套准备。口布每客一份，并准备一定数量的口布备用。小方巾是每客两条。台布、鲜花和瓶花按照餐桌数准备。

5）备好宴会所需酒水。准备好各种酒水，提前询问主办方是否需醒酒，或需要提前进行冰镇，以保证达到酒水饮用要求。如果需要举办餐前酒会，服务员要提前准备好鸡尾酒，并保证酒水数量充足。

6）宴会摆台。按照西餐摆台要求进行餐台布置：铺台布，摆餐用具和酒具，摆鲜花、烛台等装饰品。具体步骤和要求如下。

①摆台之前服务员需洗手消毒。

②摆台时，服务员必须用托盘盛放要用的餐用具，边摆边检查餐盘、餐刀、餐叉、酒具是否符合标准，是否干净光亮，及时更换不洁净或破损的餐用具。

③手拿餐具时，要拿餐具柄部，拿餐盘和面包盘时手不能接触盘面，不接触酒具盛酒部位。

④全部摆好后，再检查一遍，保证所有物品都齐全并摆放正确。

7）准备好足够的开胃品、面包、黄油和果酱等。宴会开始前 10 min 将开胃品摆放在餐桌上，每人一盘；有时候也可以把开胃品摆放在餐桌上，由宾客自取或服务人员分菜。宴会开始前 5 min 将面包、黄油、果酱摆放在面包篮和黄油碟中。

8）全面检查。各项工作准备就绪后，宴会负责人需进行一次包括清洁卫生、环境布置、餐台布置、物品准备、服务员仪容仪表等项目在内的全面检查。

9）迎宾服务。主要包括迎候宾客和餐前鸡尾酒服务两部分内容。

①迎候宾客。宴会开始前，宴会负责人要和迎宾员一起在宴会场所门口等候和欢迎宾客的到来，主动与宾客打招呼问好，指引其到休息厅休息。

②餐前鸡尾酒服务。西餐宴会在开始前，一般约有半小时的餐前酒会。服务员为休息厅的宾客送上鸡尾酒、软饮料等。主宾到达时，与主人一起进入休息厅并与其他宾客见面，然后进入宴会场所，之后宴会便可以正式开始。

（2）宴会中的就餐服务程序

1）引宾入席，拉椅让座。迎宾员引领宾客到餐台，值台服务员应站在餐台旁，面带微笑，按照女士、重要宾客、行动不便宾客和一般宾客的顺序为宾客拉椅让座，然后为坐好的宾客打开餐巾。

2）席间酒水服务。酒水服务人员站在每位宾客的右侧，用右手按照女士优先、先宾后主的顺序为宾客斟倒酒水。

①餐前酒。宾客入座后，服务员主动询问宾客所需开胃酒的种类。服务员也可为宾客介绍酒水，介绍时注意运用礼貌用语，注意宾客的民族和性别，不强迫宾客接受。之后服务员记清并按照每位宾客所订酒水提供服务。

②佐餐酒。宾客用餐中，服务员为宾客提供佐餐酒，需要根据不同菜品搭配不同酒水，一般为葡萄酒。

③餐后酒。宴会结束时，宾客若要饮用餐后酒，服务员要主动向宾客推荐白兰地、

利口酒和一些混合饮料，宾客选择后服务员需及时提供服务。

④香槟酒。香槟酒开启时能够为宴会增添热闹气氛。香槟酒可以在餐前、餐中、餐后饮用，所以酒店要提前询问主办方对香槟酒服务的时间和方式要求，服务时注意开瓶和斟酒等操作。

3）席间菜品及其他服务。

①西餐宴会上菜顺序是开胃菜，汤，鱼和虾等海鲜类菜品，副菜，主菜，甜点和水果，咖啡或茶。

②西餐宴会上菜时需遵循女士优先、先宾后主的原则，并按照酒店规定的服务方式进行上菜服务，包括法式、俄式、美式、大陆式服务等。

③西餐宴会撤盘时需先将上道菜的空盘和用过的餐具撤下，所有宾客要一同撤盘一同上菜，撤盘和上菜均从主宾开始。先斟酒后上菜，同时注意宾客刀叉的摆放，刀叉并拢摆放代表不再用餐了，刀叉呈八字形摆放表示暂时不需要撤盘。

④宴会开始前摆上黄油，分派面包。面包作为佐餐食品可以与任何菜品搭配，面包篮中要保证一直有面包。

⑤当宾客准备用开胃冷菜时，服务员应斟倒与开胃冷菜相搭配的烈性酒。

⑥上汤时，汤盘下应加垫盘，服务员从每位宾客左手方向用左手把汤上至每位宾客面前。

⑦上鱼虾等海鲜类菜品前需先撤下汤盘和汤匙，为宾客斟好白葡萄酒后再上菜。

⑧上主菜或大菜前要先为宾客斟倒红葡萄酒，然后用大号餐盘装盘，将菜品最佳部位对准主宾，一般主菜上菜时会紧跟着搭配几样蔬菜或沙拉。

⑨上点心。不同的点心用不同的餐具，热点心一般用点心匙、甜品匙和甜口叉，冰激凌用专用的冰激凌匙，烩水果用茶匙。点心一般搭配香槟酒，上点心和宾主讲话之前要斟倒好香槟酒，以备宾客举杯祝酒。

⑩上干酪。干酪一般由服务员分派，先用一只银盘垫上餐巾，摆上几种干酪和一副刀叉，另一盘上摆上烤面包片或苏打饼干，送到每位宾客左手边供其自己选用。等宾客吃完干酪后，应撤掉餐台上的餐具和酒具，保留水杯和饮料杯。

⑪上水果。先上水果盘和洗手盅，再将已装盘的水果端至宾客面前供其自己选用。

⑫上香巾。宾客吃完水果后上香巾，香巾每人一块放在小垫碟中，然后放在每位宾客左手边。

⑬无论采用何种服务方式，菜品一般应服务两次，第一次按照女士优先、先宾后主，最后服务陪客的顺序；第二次根据宾客食用情况服务。

⑭西餐宴会是在优雅的气氛中进行的，因此，背景音乐要柔和，服务员要步履轻

快、动作敏捷、声音适中、反应灵敏，整体上给宾客营造一种高雅舒适的氛围。

⑮宴会席面结束后，主人请宾客到休息厅休息时，服务员应立即上前为客拉椅，再去拉开休息厅的门，请宾客到休息厅休息。

4）咖啡、餐后酒服务。

①宾客在休息室就座后，服务员开始上咖啡：将咖啡倒好，垫上垫碟，放好咖啡匙，将咖啡放在托盘内托送，另一名服务员送糖和奶。

②上完咖啡后，服务员接着托让各种餐后酒品、巧克力和雪茄，注意雪茄不要服务女宾。敬烟环节也可免除。

③片刻后，服务员为宾客续斟一次咖啡或酒水，最后撤掉咖啡用具，再斟倒一次饮料，这就意味着宴会结束，宾客自由离席。

（3）宴会结束后的收尾程序

1）结账。宴会接近尾声，清点多余酒水，非宴会订单所含酒水要立即开具酒水订单，交给收款员算出总账单。主办方主人或负责人负责结账，一般收取现金、支票或使用信用卡，不签单。

2）欢送宾客离席。为起身离座宾客拉椅，并提醒宾客携带好自己的物品，热情欢送宾客至宴会场所门口，并欢迎宾客下次光临。

3）收台检查，清理现场。宾客离开后，及时检查宴会场所。若有未熄灭的烟头应将其熄灭。如有宾客遗留物品，一般交给有关部门。然后进行收台，按照餐巾、毛巾、玻璃器皿、金属餐具的顺序进行，尤其注意收拣和保管好高档金银餐具。清扫宴会场所，将餐台和装饰物放回原处，恢复宴会场所原貌。

## 二、宴会服务程序编制要求

宴会服务包括预订、筹办、组织、实施、跟踪、反馈等内容，不同部门和不同岗位的人员在为宾客提供服务时存在先后顺序，不可出现顺序颠倒的情况，更不能出现中断服务的情况。这就需要酒店各部门和全体人员的通力合作，密切衔接。同时，在编制宴会服务程序时要综合考虑各部门的工作，系统协调各员工职责，保证宴会的正常运转，避免出现部门间沟通不畅的问题。

## 三、宴会服务程序编制方法

宴会服务工作对服务顺序有较强的要求，应按照服务顺序制定宴会服务程序，达到合乎实际、可操作性强的效果。按照宴会服务顺序，宴会服务可分为宴会前、宴会中和宴会后的服务三个部分，以此编制宴会前服务人员的服务内容、宴会中服务人员的服务内容和宴会后服务人员的服务内容。

**【案例】某寿宴宴会服务程序（见表 1–3–1）**

表 1–3–1　寿宴宴会服务程序

<table>
<tr><th colspan="2">时间</th><th>流程</th><th>工作内容</th></tr>
<tr><td colspan="2" rowspan="2">6 月 22 日 18:00 前</td><td>完成环境检查</td><td>检查环境卫生，及时解决存在的问题</td></tr>
<tr><td>宾客信息培训</td><td>确定名单，完成宾客信息培训</td></tr>
<tr><td rowspan="8">6 月<br>23 日</td><td>13:00 前</td><td>完成餐前检查</td><td>完成各项检查</td></tr>
<tr><td>17:30</td><td>冷菜出品摆台</td><td>摆放冷菜，保证冷菜常温下不受影响</td></tr>
<tr><td>17:30—17:55</td><td>迎接宾客</td><td>门口迎接，引领至休息区，提供衣帽及茶水服务</td></tr>
<tr><td>17:55</td><td>引导宾客入座</td><td>提供拉椅服务</td></tr>
<tr><td>18:00</td><td>致欢迎辞礼仪</td><td>提供拉椅服务，致辞时暂停其他服务</td></tr>
<tr><td>18:00—20:30</td><td>宴请席间服务</td><td>传菜员负责传菜</td></tr>
<tr><td>宴请结束</td><td>席间结束整理</td><td>关注是否有遗留物品，提供衣帽服务，向宾客告别，整理账务，做好签单工作</td></tr>
</table>

# 学习单元 2　宴会服务人员分工

## 宴会服务人员数量预计及其分工

### 1. 人数预算

（1）大型宴会

大型宴会一般在 15 桌以上，宴会主办方的要求和活动内容较多，所需服务人员数量较多，对服务人员的要求较高，人员分工类型较多。服务人员数量设定需考虑：现场指挥 1 人，迎宾员 1～2 人，8 桌为一个区，每个区有 1 名负责人，主席台单独设为一个区并有 1 名专门负责人，每桌安排 1 名值台员；对于身份较高的来宾，第一桌可增加 1～2 名值台员，根据实际情况第二、第三桌也可增加 1～2 名值台员。

（2）中型宴会

中型宴会的规模是 10～15 桌，服务人员数量设定需考虑：现场指挥 1 人，迎宾员 1 人，一般分为两个区，每个区有 1 名负责人，第一桌有 2 名值台员，其他桌每桌有 1 名值台员，根据实际情况第二、第三桌也可增加 1 名值台员。

（3）小型宴会

小型宴会一般不超过 10 桌，服务人员数量设定需考虑：现场负责人 1 人，迎宾员 1 人，不设分区负责人，每桌有 1 名值台员，第一桌可视情况增加 1 名值台员。

### 2. 人员分工

服务人员主要包括：现场指挥、区域负责人、迎宾员、值台员。现场指挥主要负责现场人员的调控、应对现场突发事件、协调宴会厅与其他相关部门的工作、保证宴会工作的顺利进行。区域负责人主要负责其区域内的工作，包括组织好区域内值台员的工作，保证区域内所有餐桌菜品和酒水按照规定上桌，应对区域内值台员无法解决的问题，必要时需向现场指挥反映情况。迎宾员主要负责宴会前的接待引座工作、宴会后的送客工作和协助值台员。值台员主要负责宴会前的准备工作、宴会中的服务工作和宴会后的清理工作。若人数不足，酒店需提早增加人手，并进行岗前培训。

## 【案例】某公司商务宴会服务人员分工

1. 宴会主题

为了庆祝 2018 年春季新品发布会成功举办，×× 公司在杭州 ×× 酒店设宴款待与会的所有宾客。本次宴会设计了私人定制宴会接待方案。

2. 接待任务

时间。2018 年 × 月 × 日。

地点。×× 酒店。

参加人员。参加 ×× 公司 2018 年春季新品发布会的所有宾客，共 50 人。

宴请标准。会议宴会，每桌 10 人，共 5 桌。

3. 人员分工（见表 1-3-2）

表 1-3-2　宴会人员分工表

| 岗位名称 | 工作地点 | 人数 | 任务 |
| --- | --- | --- | --- |
| 总经理 | 宴会厅场内外 | 1 人 | 负责宴会现场总协调工作 |
| 宴会部经理 | 宴会厅场内外 | 1 人 | 协调总经理做好宴会各岗位人员安排，保证宴会顺利进行 |
| 宴会部领班 | 宴会厅 | 2 人 | 做好宴会现场指挥，保证宴会各项服务工作的协调开展和宴会服务的顺利进行 |
| 迎宾员 | 宴会厅入口及贵宾接待室 | 4 人 | 做好接待工作，协调主办方做好宾客接待及咨询等相关服务 |
| 宴会服务员 | 宴会厅 | 15 人 | 1：3 配置，高标准、高规格完成宴会席间对客服务 |
| 宴会酒水员 | 宴会厅 | 4 人 | 提供宴会酒水，做好开酒服务及宾客敬酒时的斟酒服务 |
| 传菜员 | 宴会厅 | 8 人 | 配合服务员做好传菜工作及空盘回收、杂物处理等工作 |
| 工程部员工 | 宴会厅 | 2 人 | 负责设备设施的检查、音响设备的调试等 |
| 销售部负责人 | 宴会厅 | 1 人 | 负责与主办方协调沟通，处理突发事件 |
| 保安 | 宴会厅场内外 | 2 人 | 负责当天宴会场地外围的安保工作及安全检查 |

# 学习单元 3　宴会服务工作计划制订

## 一、宴会服务工作计划制订类别

宴会服务中涉及服务人员较多，每人都有明确的分工和职责，需按照宴会人员的分工来制订宴会服务工作计划，从而使宴会服务工作易于管理，具有较高的效率。宴会人员包括现场指挥、区域负责人、迎宾员、值台员，每类人员的工作内容和工作计划需分别制订。

## 二、宴会服务工作进度安排

### 1. 宴会前服务工作进度

宴会前的服务主要包括宴会的承接、宴会组织工作、宴会准备工作、宴会迎接工作。宴会的承接工作主要包括宴会预订的受理、宴会合同的签订和通知宴会部门做准备工作。宴会组织工作是指迎宾、值台、传菜和酒水等岗位人员的工作。宴会准备工作包括在规定时间内完成场景布置、台型布置、熟悉菜单、物品准备、餐台铺设、席位安排、冷盘摆设等工作。宴会迎接工作是酒店直接为宾客提供服务的第一个环节，需做好迎接问好、接挂衣帽和递送茶水等工作。

### 2. 宴会中服务工作进度

宴会中的服务主要包括入席服务、斟酒服务、上菜服务、派菜服务、撤换餐具、席间服务等。入席服务主要是指引座、整理餐台、递送菜单、斟倒茶水等工作。服务员应注意及时为宾客斟酒，注意上菜顺序和上菜时间，及时撤换骨碟、烟灰缸、毛巾等餐用具，细心留意宾客的表情和示意动作，为宾客提供快速、贴心的席间服务。

### 3. 宴会后服务工作进度

宴会结束后的服务工作包括结账准备、拉椅送客、递送衣帽、收台检查和清理现场。结账工作要提前准备，结账动作要迅速，以免耽误宾客时间；注意拉椅送客的时机，避免宾客误以为在催客；及时留意宾客物品是否有遗留和丢失；按规定清理和恢复宴会厅原貌。

## 三、服务人员职责与工作区域划分

### 1. 迎宾员

主要工作包括：宴会开始前守在宴会场所门口准备迎接宾客，向宾客问好并将宾客准确地引领到适当位置，为宾客拉椅让座。替宾客存放衣帽和雨伞等物品，请宾客保管好自己的贵重物品；耐心解答宾客的疑问，及时搜集和询问宾客对宴会的意见；宴会结束时微笑送别宾客，感谢宾客光临，为宾客提供拉门、按电梯和叫出租车等服务；另外，迎宾员还要参加宴会前的准备工作和宴会后的结束工作。

2. 值台员

主要工作包括：做好宴会开始前宴会场所的布置工作。保证宴会餐用具数量充足、洁净卫生，位置摆放正确；熟悉宴会当日菜品和酒水知识，掌握菜品服务方式，主动为宾客介绍菜品；细心留意宾客用餐情况，按照服务要求和程序提供优质服务；负责收台工作，做好宴会结束后的宴会场所和餐用具的清洁工作。

3. 传菜员

传菜员的主要工作包括宴会开始前协助厨师准备菜品，调配料和准备传菜工具等；保证菜品保质保量、准时准确地送达值台员；保证后厨与值台员之间信息沟通的顺畅；协助值台员清理和撤回餐桌上的餐用具。

4. 酒水员

酒水员的主要工作包括：宴会开始前将宴会菜单中的酒水准备就绪；掌握宴会酒水的特性和服务知识；与宴会厅值台员时刻保持联系，及时为宾客提供优质酒水服务；宴会结束后，做好空废瓶罐的回收工作，减少浪费。

## 学习单元 4　安排宴会服务人员培训

### 一、宴会服务人员培训内容

1. 宴会要求

通过宴会要求的培训，服务人员需提前熟悉宴会基本情况和所在岗位职责，统一仪容仪表，遵守工作纪律，准时到场参与宴会工作，注意宴会中特殊情况的处理方式和要求，知道如何操作和为什么这样操作。

2. 菜单介绍

菜单介绍主要是指服务人员向宾客介绍宴会菜品的名称、制作原料、辅料、调料、烹饪方法、菜品口味、菜品的营养价值、菜品的造型特色和菜品的历史典故等。

3. 值台服务

值台服务主要是指席间服务。服务人员需要熟悉服务位置和迎送客位置，知道上菜流程、分派菜要求、斟酒方法，做到及时更换烟灰缸和餐用具。

4. 走菜要求

走菜服务要求服务人员熟悉走菜时间、取菜位置、出菜顺序、装托盘方法等，并帮助厨师与值台员沟通。

5. 结束工作

结束工作要求服务人员知道不同餐用具需按照不同的回收规定进行回收，并正确处置各类回收物品。

## 二、宴会服务人员培训方法

宴会通常会有临时招聘的服务人员，应对其进行集中培训，培训的流程主要有课堂教学、示范、练习、考核等。通过课堂教学让服务人员熟悉宴会服务的主要内容和流程、服务要求、服务注意事项等，通过示范和练习让服务人员掌握基础的服务技能，通过考核选择表现相对优异的服务人员。

# 学习单元 5　控制预案编制规则与要求

## 一、控制预案编制规则

### 1. 全面性

一场宴会的举办需要多部门和众多服务人员的协同合作，需要做的准备很多，其中任何一个环节都不可或缺，更不能出错。控制预案的编制需要全面考虑宴会可能出现的各种情况。

### 2. 程序性

宴会从开始到结束由宴会前准备、宴会中服务、宴会后清理三个阶段构成，每个阶段又分成众多环节，这些小的环节按照规定的顺序共同构成了整个宴会的流程。控制预案在编制时需要考虑环节之间的上下衔接和前后顺序。

### 3. 可行性

可行性是控制预案编制的基本要求，控制预案在编制时要充分考虑酒店的基本情况和当日酒店的经营预期，协调宴会场地规模和人员配置。控制预案编制若超过酒店承接能力，酒店较难满足宴会要求；控制预案编制达不到规模，就会造成酒店空间和设施浪费，导致宴会效果不佳。

### 4. 灵活性

一场宴会的举办具有众多不可控因素，包括人员的不可控性，酒店基础设施设备运转的不可控性，以及其他突发情况。控制预案编制要尽可能涵盖所有可能发生的突发状况，并针对这些情况提出应急解决方案。同时，对控制预案外的突发情况应采用灵活处理的方式。

## 二、控制预案编制要求

1. 协调宾客需求与实际情况

宾客需求是宴会服务的出发点和宗旨，宴会举办得成功与否关键在于宾客的满意度，所以宴会服务的每个环节都要以宾客的需求为出发点。同时，宾客需求受到酒店实际情况的限制，若宾客需求过高，超出了酒店的承受范围，不仅无法达到宾客的预期，更加重了酒店的服务压力，最终影响宴会效果。因此，应在酒店实际情况的基础上，尽最大能力满足宾客的需求。

2. 兼顾预案个性化与规范化

规范和标准是宴会顺利完成的基础，没有规范和标准的宴会很难保质保量地进行下去。随着人们对宴会要求的提升，个性化宴会服务成了酒店吸引宾客的新亮点，个性化宴会在提高酒店吸引力的同时，也满足了宾客需求。所以，在规范化的条件下，酒店需要不断地适应宾客需求的变化，提供更加个性化的服务。

3. 突出创新性，主题个性鲜明

宴会的主题是宴会布置和服务的核心，所有的环境布置、餐台设计、菜品风味等都要围绕宴会主题进行设计和布置。宴会主题的创新性和鲜明性都极大地影响着宴会的个性化，是区别于其他宴会的关键点。所以，在编制宴会控制预案时，要求宴会的每个环节都能够体现出宴会的创新性和鲜明的主题，从而达到让宾客满意且难忘的宴会效果。

4. 预测可能出现的突发情况

一位醉酒的宾客、一次传菜的失误、一时话筒的失声、宾客物品的遗失、餐用具的残缺等，都会影响一场宴会的举办效果，甚至导致宴会无法正常进行，最终让宾客大失所望，满意度降至冰点。所以，在进行控制预案编制时，应尽可能多地考虑到可能出现的突发问题，从而在布置和准备的过程中加以防范。

## 三、典型控制预案的编制

### 1. 人力资源控制预案的制定方法

人力资源控制预案主要根据具体宴会的要求和任务，对参与宴会的服务人员和管理人员根据其技能方向、技能水平和特长等进行岗位安排，必要时对各岗位人员进行岗位培训。通过岗位安排和岗位培训，明确各岗位人员数量和名单，明确每个人的任务、职责和要求等。划定岗位负责人及其责任，做好在宴会前、宴会中和宴会后三个阶段对服务人员及其工作的检查和指挥。岗位培训内容视岗位不同而不同，应对迎宾员、值台员、传菜员、酒水员等服务人员分别进行培训。

### 2. 场地布置控制预案的制定方法

场地布置控制预案内容包括场地环境布置、场地台型和座位的布置控制预案，餐台设计与布置控制预案及其他布置的控制预案。场地环境布置需要根据宴会的主题、宾客的需求和酒店现有情况，对地面、墙壁、天花板和舞台等进行布置，利用灯光、投影、音响等设备完善现有的环境布置。根据实际场地进行台型设计和布置，按照宾客要求标明桌号并安排座位。餐台的设计和布置包括餐用具摆放和花台装饰，确定主桌和副主桌花台的风格、大小和形式等。此外，根据宾客的特殊要求，可以布置一些其他的摆件装饰，如商业产品、协会会标等。

### 3. 物资资源控制预案的制定方法

宴会中所要准备的物品种类繁多，除了宴会厅内的音响和灯具等不可移动物品外，还有餐桌、餐椅、台布、转台、餐酒具、口布和花台等可移动的物品。每种物品所需要的数量不一，餐桌、餐椅、口布、特别是餐酒具所需数量较多，在申领时需要详细填写宴会餐用具使用计划表，尤其是在规模较大的宴会中，以方便宴会后物品的清点。如果宴会档次较高或宴会主题极具个性化，所需物品价格昂贵或数量稀少，应根据酒店规定做有偿使用，提前告知主办方并附上使用收费标准。与菜品不同，酒水的消费数量不固定，最终的消费数量一般少于预期数量，每桌的消费数量也不同，所以值台员或酒水员要认真登记和核实每桌宾客的酒水消费数量，编制好宴会酒水计划表和实际消费表。

4. 服务规程控制预案的制定方法

对于常规性宴会，酒店一般按照已有的固定服务规程开展服务，只需在人员分配等方面进行微调。对于要求增加仪式、表演、互动等特殊环节的高规格宴会，酒店则需制定专门的宴会服务规程控制预案，如国宴、政府宴会、重要的商务宴会和大型的正式宴会等。宴会的服务规程控制预案按照宴会前、宴会中和宴会后三个阶段制定，根据宴会主题和主办方要求，将增加的特殊活动服务合理安排到三个阶段中。

5. 服务过程控制预案的制定方法

宴会的参与人数众多，涉及的服务环节和服务项目繁多，营造的舒适环境易让人放松，所以相比于酒店其他服务过程，宴会服务中突发情况的发生概率较高。在服务的过程中，各岗位人员除了做好岗位任务外，还要时刻警惕和预防紧急情况的出现，如宾客醉酒、宾客打碎酒店物品、打架斗殴、突然停电、空调不制冷或不制热等。一旦发生突发情况，各岗位人员应保持冷静，按照预先安排的处理方法以最快的速度解决问题。

**【案例】某商务宴会控制预案设计**

1. 宴会服务检查控制

（1）服务准备阶段

1）餐前检查，提前 4 h 完成菜品及服务方面的检查。

2）检查场地布局、场地环境和台面设计等，包括灯光、温度、湿度、台型、餐用具等。

3）检查服务员精神状态、仪容仪表，强化接待服务技能。

（2）服务进行阶段

1）17:45 分宴会主管和迎宾员在宴会厅门口恭候，引领宾客入席，拉椅让座。

2）询问宾客喝什么酒水，从主宾开始，按顺时针方向依次为宾客斟酒。

3）宴会开始前 10 min，冷盘上桌。上热菜时，报菜名，做好菜品记录。

4）餐中更换骨碟、餐巾，如果宾客正在交谈，应提醒宾客。席间勤添加酒水。上完最后一道菜时，要主动告诉宾客菜已经上齐了。

（3）服务结束阶段

1）服务员把宾客送至电梯口，在途中可以询问宾客对菜品及服务的满意程度，向所有宾客致谢。

2）送别宾客后，服务员回到宴会厅，迅速检查是否有宾客遗留物品，收撤餐具。

3）召开总结会，以提高服务质量。

## 2. 突发事件防范与处理

（1）停电紧急预案

1）服务员不要慌张，并安抚好宾客。

2）通知值班经理，与相关部门取得联系，开启紧急照明设备和自动发电装置，并留意电梯里是否有被困宾客。

3）通知吧台做好安全防范工作。

（2）食物中毒紧急预案

1）服务员不要慌张，并通知值班经理。

2）酒店经理和相关部门负责人马上到达出事现场。

3）安排人拨打 120 急救电话请求救助。

4）安保部门控制现场，禁止任何人触摸有毒或可疑物品，并查清中毒时间、地点和人数等。

5）餐厅经理协助急救人员进行救助，转移中毒者，保留呕吐物，封存厨房和宴会场所已食用过的食品，以备检查。

6）登记好宾客的个人物品并交由警方处理。

# 模块2 接待服务

# 课程设置

| 课程 | 学习单元 | 课堂学时 |
|---|---|---|
| 2-1　茶艺服务 | （1）乌龙茶服务 | 4 |
| | （2）普洱茶服务 | 4 |
| | （3）紧压茶服务 | 4 |
| 2-2　鸡尾酒调制 | （1）鸡尾酒常识 | 2 |
| | （2）调制鸡尾酒 | 4 |

## 课程 2-1　茶艺服务

### 学习内容

| 学习单元 | 课程内容 | 培训建议 | 培训学时 |
|---|---|---|---|
| （1）乌龙茶服务 | 1）乌龙茶的种类及特点 | （1）方法：讲授法、演示法、实训法<br>（2）重点与难点：乌龙茶冲泡方法 | 4 |
| | 2）乌龙茶服务器具准备 | | |
| | 3）乌龙茶的冲泡 | | |
| | 4）乌龙茶奉茶服务 | | |
| | 5）乌龙茶饮用注意事项 | | |
| （2）普洱茶服务 | 1）普洱茶的特点 | （1）方法：讲授法、演示法、实训法<br>（2）重点与难点：普洱茶冲泡方法 | 4 |
| | 2）普洱茶服务器具准备 | | |
| | 3）普洱茶的冲泡 | | |
| | 4）普洱茶奉茶服务 | | |
| | 5）普洱茶饮用注意事项 | | |

续表

| 学习单元 | 课程内容 | 培训建议 | 培训学时 |
|---|---|---|---|
| （3）紧压茶服务 | 1）紧压茶的种类及特点 | （1）方法：讲授法、演示法、实训法<br>（2）重点与难点：紧压茶冲泡方法 | 4 |
| | 2）紧压茶烹煮 | | |
| | 3）紧压茶奉茶服务 | | |
| | 4）紧压茶饮用注意事项 | | |

# 学习单元 1　乌龙茶服务

## 一、乌龙茶的种类及特点

### 1. 乌龙茶的种类

乌龙茶又叫青茶，属于半发酵茶。我国乌龙茶产地集中在福建、广东、台湾等省，近几年浙江、湖北、武汉、山东等省也有少量生产。见表 2–1–1。

表 2–1–1　我国乌龙茶种类

| | 产地 | 种类 | 细类 |
|---|---|---|---|
| 乌龙茶 | 福建乌龙茶 | 闽北乌龙茶 | 大红袍、铁罗汉、白鸡冠、水金龟、半天腰、闽北水仙、白毛猴、崇安乌龙、建瓯乌龙等 |
| | | 闽南乌龙茶 | 铁观音、黄金桂、佛手、本山、毛蟹、安溪水仙、奇兰、梅占、乌龙等 |
| | 广东乌龙茶 | 凤凰水仙 | |
| | | 凤凰单枞 | 桂花香、黄栀香、通天香、芝兰香、蜜兰香、玉兰香、肉桂香等 |
| | | 岭头单枞 | |
| | 台湾乌龙茶 | 包种茶 | 冻顶乌龙茶、文山包种茶、松柏长青茶、高山乌龙茶、阿里山珠露茶、青山茶等 |
| | | 铁观音 | 木栅铁观音、石门铁观音等 |
| | | 白毫乌龙茶 | 东方美人茶、香槟乌龙茶、福寿茶、六龟茶等 |

（1）福建乌龙茶

福建乌龙茶生产历史悠久，是中国乌龙茶的原产地。福建乌龙茶根据地理环境、茶树品种和加工工艺上的差异，可以分为闽北乌龙茶和闽南乌龙茶。

（2）广东乌龙茶

广东乌龙茶是由闽南乌龙茶传入广东潮州等地发展而来的，目前主要在潮州、饶平和汕头等地种植。根据地理环境、茶树品种和加工工艺上的差异，可以分为凤凰水仙、凤凰单枞、岭头单枞。

（3）台湾乌龙茶

据史料记载，台湾乌龙茶最早于清代由福建安溪人带入台湾种植，现在台湾乌龙茶主要分布在新竹、桃园、苗栗、南投等地。台湾乌龙茶品种多样，根据品种、制作方法和地域等因素的不同，台湾乌龙茶有文山包种茶、冻顶乌龙茶、高山乌龙茶、木栅铁观音、东方美人茶等。

### 2. 乌龙茶的特点

由于独特的茶树品种、特殊的摇青与晾青加工工艺，乌龙茶形成了绿叶红镶边的外形特征及具有天然花果香、滋味浓醇的品质特征。不同产地的乌龙茶，在外形、汤色、香气、滋味、叶底等方面有着不同的特点。

（1）福建乌龙茶

闽北乌龙茶外形呈条索状，叶端扭曲，色泽油润间带砂绿或蜜黄，冲泡后汤色呈橙红色，清澈透明，叶底肥软黄亮，红边鲜艳，一股浓郁的兰花清香弥漫开来，具有武夷岩茶的独特岩韵，入口醇厚鲜爽，回味甘甜。闽南乌龙茶外形同样呈条索状，沉重卷曲，呈青蒂绿腹蜻蜓头，色泽油润稍有砂绿，汤色较闽北乌龙茶偏黄，呈橙黄清亮色，冲泡后叶底柔软，红点呈现，香气浓郁清长，具有闽南乌龙茶特有的观音韵，入口更加醇厚回甘（见图 2–1–1）。例如，安溪铁观音圆结匀净呈螺旋状，身沉重实，砂绿翠润呈香蕉色，冲泡后的叶底软亮肥厚，边缘下垂，青翠显红边，汤色清澈金黄，自带天然的兰花香气，入口先苦后甘，“观音韵”明显。

（2）广东乌龙茶

广东乌龙茶外形呈卷曲紧结而肥壮的条索状，色润泽青褐而牵红线，冲泡后的汤色黄中带绿，叶底绿叶红镶边，耐冲泡，具有天然的花香和果香，香气浓郁，入口后滋味鲜爽浓郁甘醇，连冲十余次，香气仍然溢于杯外，甘味久存，真味不减（见图 2–1–2）。凤凰水仙是广东乌龙茶的名品，外形肥壮匀整，灰褐乌润，冲泡后叶底厚实，呈红边绿心，汤色清澈透红，清香芬芳，浓厚回甘。

（3）台湾乌龙茶

台湾乌龙茶是乌龙茶中发酵程度最高的，近似于红茶。外形呈自然弯曲或半球形，肥壮显毫，夹带砂绿色，冲泡后叶底肥厚明亮，滋味醇厚甘鲜，花果香显著，馥郁持久不散，汤色黄中带绿，呈琥珀色或橙红色（见图 2–1–3）。优质的台湾乌龙茶茶芽在冲泡前含红黄白三种颜色，冲泡后的叶底呈淡褐色，有红边，且叶片完整，芽叶连枝。

图 2–1–1　大红袍（左）和铁观音（右）

图 2–1–2　凤凰单枞

图 2–1–3　冻顶乌龙茶

## 二、乌龙茶服务器具准备

乌龙茶的泡茶器具一般都比较考究，种类繁多，其中使用较多的是紫砂茶具系列，包括茶盘、茶巾、煮水器、紫砂壶、品茗杯、闻香杯、渣方、公道杯、小茶杯等。

## 三、乌龙茶的冲泡

（1）备具

将茶盘擦拭干净，盖碗和公道杯呈一字摆放在茶盘内侧，品茗杯和闻香杯对应摆放在盖碗前侧，茶盘左侧摆放茶叶罐和随手泡，右侧摆放茶道组和茶承，茶巾清洗干净并折叠整齐备用。

（2）洁具

打开盖碗，将随手泡里的水倾倒入盖碗，盖上盖碗后，将盖碗中的水倒入公道杯，最后再倒入茶承。

（3）投茶

取适量茶叶投入紫砂壶中，按照茶水比例 1∶50 的标准计算投茶量，且投茶量一般为 5 ~ 7 g。球状茶约投放盖碗容量 1/5 的茶叶，条索状茶约投放盖碗容量 1/2 至 2/3 的茶叶，也可根据品茗者的实际口感需求适当增减茶叶量。

（4）洗茶

向盖碗中倒入九分满的沸水，水柱从高处直冲而下，俗称“高冲”。待茶汤有白色泡沫浮出，拿起碗盖，由外向内沿水平方向刮去浮沫。15 s 后将茶汤倒入茶承，也称“温润泡”，可以洗去茶叶表面灰尘，舒展茶叶。

（5）冲泡

以高冲的方式注满沸水，将碗盖盖好，等待出汤。冲泡茶的时间长短决定了茶汤中可溶物质的量，直接影响茶汤的品质。第一泡一分钟即可出汤，以后冲泡茶的时间应逐渐延长，目的是使茶汤的颜色、滋味、香气无明显差异。

（6）出汤

将泡好的茶汤注入公道杯，使其浓度均匀，然后分别倒入闻香杯中，再将茶汤倒入品茗杯中，等待宾客品饮。

## 四、乌龙茶奉茶服务

根据宾客所处的环境不同，乌龙茶奉茶服务有以下几种情况。

### 1. 品茗者坐于桌前

（1）端茶盘于胸前，右脚开步，走至品茗者正前面，转身面对品茗者。

（2）行奉前礼，品茗者回礼，奉前礼毕。

（3）左手托茶盘，右手端杯。

（4）男士弯腰将茶杯放在品茗者伸手可及处。

（5）女士右蹲姿，左手托茶盘，右手端杯。

（6）行奉中礼，伸出右手，五指并拢，手掌与杯成 45°，示意“请”或“请用茶”，品茗者回礼。

（7）奉中礼毕，起身，左脚后退一步，右脚跟着并拢。

（8）行奉后礼，意为“请慢用”。

### 2. 品茗者站立

（1）端茶盘于胸前，走至品茗者正前面。

（2）奉茶者行奉前礼，品茗者回礼。

（3）左手托茶盘，右手端茶杯和茶托，将茶杯端至品茗者手上。

（4）奉茶者行奉中礼，示意“请”或“请用茶”。

（5）端茶盘，左脚往后退一步，右脚跟上。

（6）行奉后礼，轻声说“请慢用”。

### 3. 品茗者围坐圆桌

（1）行走至两位品茗者中间站定。

（2）左手托茶盘，做蹲姿，重心下移。

（3）右手端杯，送至品茗者伸手可及处。

（4）伸出右手，示意“请用茶”，品茗者回礼。

（5）起身，端茶盘至胸前，换右手托茶盘，做蹲姿。

（6）左手端杯，送至品茗者伸手可及处。

（7）伸出左手，示意“请”，品茗者回礼。

（8）起身，后退，奉茶毕。

## 五、乌龙茶饮用注意事项

1. 乌龙茶所需茶量是所有茶类中最多的，每次投入的茶量几乎为茶壶容积的 1/2 至 2/3。同时，用茶量也要根据宾客区域分布、饮用习惯、自然条件、年龄结构和性别等进行适当调整。

2. 水温影响水的渗透性和茶叶浸出物的量，水温较低，则水的渗透性差，茶中的有效成分无法释放。乌龙茶茶叶较粗老，在冲泡时用量最多，这就要求必须用沸水冲泡，但水不可过老，且在冲泡前应对茶具进行温烫。

3. 乌龙茶用茶量最多，且多用保温性能好的小型紫砂壶，水温又高，使得第一泡的时间必须控制在 60 s，第二泡的时间比第一泡增加 15 s，第三泡的时间控制在 100 s，第四泡时间控制在 135 s，这样有助于保持茶汤浓度的均匀，每泡应较前一泡延长 10 ~ 30 s。

4. 冲泡器皿需根据发酵程度的不同选用紫砂壶或瓷质小盖碗，杯具最好选用精巧的白瓷小杯（即若琛杯）或对杯（即闻香杯和品茗杯的组合）。

# 学习单元 2　普洱茶服务

## 一、普洱茶的特点

普洱茶属于后发酵茶。普洱散茶外形粗壮肥大，呈完整的条索状，色泽乌润，或褐红或带有灰白色。冲泡后的汤色红亮，叶底褐红色，具有独特明显的陈香，滋味醇厚回甘，如图 2–1–4 所示。优质的普洱茶具备清、纯、正、气四个要素，“清”是指闻气味，气味要清，不能有霉味；“纯”是指观其色，茶色如枣，不能黑如漆；“正”是指要保存在干燥的地方，不能放置在潮湿的地方；“气”是指品尝茶汤，回味温和，没有其他杂乱的味道。普洱茶有解毒、治痢疾、除瘴、降血脂、减肥、抑菌、暖胃、醒酒、助消化等功效，被誉为“窈窕茶”和“美容茶”。

图 2–1–4　普洱茶

## 二、普洱茶服务器具准备

普洱茶有紫砂壶泡法和盖碗茶泡法两种泡法，根据不同的冲泡方法，需要准备不同的服务器具。普洱茶冲泡会用到的基本器具包括紫砂壶（瓷壶或瓷盖碗）、玻璃杯（白瓷杯或青瓷杯）、公道杯、茶道组、茶盘、茶巾等。

## 三、普洱茶的冲泡

### 1. 备具

备好茶具，如茶盘、盖碗、公道杯、品茗杯、茶道组、茶盘、茶巾等。

### 2. 温壶涤具

盖碗中冲入烧开的沸水，将盖碗中的沸水倒入公道杯，再依次倒入品茗杯中，主要用来温壶温杯，洗涤茶用具，起到清洁卫生的作用。

### 3. 投茶

将适量的普洱茶投放到盖碗中，一般用茶量为 5 ~ 8 g。

### 4. 洗茶

将沸水大水流冲入装有普洱茶的盖碗，使盖碗中的茶叶随水流快速翻滚，达到充分洗涤的目的，然后将水倒出。

### 5. 泡茶

再次将沸水先高后低冲入盖碗后加盖，第一泡冲泡时间为 10 s，第二泡为 15 s，第三泡之后冲泡 20 s。

### 6. 出汤

用碗盖将茶汤浮沫刮去，然后将盖碗中的茶汤倒入公道杯中。

7. 分茶

将公道杯中的茶汤均匀地倒入品茗杯中，以七分满为宜。

## 四、普洱茶奉茶服务

普洱茶奉茶服务同乌龙茶奉茶服务的三种情况。

## 五、普洱茶饮用注意事项

1. 冲泡普洱茶不仅需要高温度的沸水，而且需要提前温壶，即在壶外浇淋开水。

2. 普洱茶茶和水的比例在 1∶30～1∶50，一般以 150 mL 的水搭配 3～5 g 的茶叶，也可根据个人口味和喜好适当调整用茶量。

3. 温茶，即第一次冲下去的沸水要立即倒出，如果闻其叶底的香气仍然不够纯正，可重复温茶，一般 1～2 次，每次温茶的时间控制在 2～5 s 内。温茶的茶水应直接倒掉，或浇淋茶宠。

4. 普洱茶在温茶后的第一泡一般为 10 s，然后将茶汤倒入公道杯中，继续冲泡叶底，随着冲泡次数的不断增加，需延长叶底的浸润时间，但也不可长时间浸泡，以免影响色泽、滋味和香气。

5. 普洱茶的冲泡器皿可选用紫砂壶、瓷盖碗或瓷壶，为了更好地观赏汤色，公道杯宜选用玻璃杯等玻璃制品，品茗杯也可选用玻璃杯、白瓷杯或内壁纯白的紫砂杯。

# 学习单元 3　紧压茶服务

## 一、紧压茶的种类及特点

1. 紧压茶的种类

紧压茶是由各种散茶蒸压成一定形状制成的茶叶。根据紧压茶产地的不同，可以分为云南紧压茶、湖南紧压茶、四川紧压茶、湖北紧压茶、广西紧压茶等。

（1）云南紧压茶

1）沱茶产于云南景谷县，根据原料的不同可以分为云南沱茶和云南普洱沱茶。云南沱茶以较细嫩的晒青绿毛茶为原料，属于绿茶类紧压茶。云南普洱沱茶以普洱散茶为原料，属于黑茶类紧压茶。

2）饼茶主要产于云南下关茶厂，以黑茶为原料。

3）圆茶又叫七子饼茶，原产于云南西双版纳地区，以易武最多，原料采用 3 ~ 8 级的滇青毛茶，如图 2–1–5 所示。

图 2–1–5　七子饼茶

4）紧茶产于云南景东、景谷等地，原料主要以 2 ~ 5 级滇青为主，配用少量红或绿副茶。

5）普洱方茶主要产于云南西双版纳勐海茶厂和昆明茶厂，以晒青绿茶为原料进行蒸压，属于绿茶类紧压茶。

（2）湖南紧压茶

1）茯砖茶以湖南黑毛茶为原料，主要产于湖南益阳。

2）黑砖茶以湖南不同级别的黑毛茶和其他茶为原料，主要产于湖南安化，如图 2–1–6 所示。

图 2–1–6　黑砖茶

3）花砖茶以优质的湖南黑毛茶为原料，主要产于湖南安化。

（3）四川紧压茶

1）金尖茶以川南边茶、康南边茶为原料，如图 2–1–7 所示。

2）康砖比金尖茶品质高，康砖原料有做庄茶、晒青茶、条茶、茶梗、茶果等。

3）方包茶产于四川都江堰，是西路边茶的一个主要品种，其原料比南路边茶更粗老，采用 1 ~ 2 年生的成熟枝梢。

（4）湖北紧压茶

1）米砖茶又称红砖或花香砖，产于湖北赵李桥茶厂，以红茶的片末或低级红茶轧细的碎末为原料。

2）青砖茶产于湖北咸宁地区，以老青茶为主要原料。

图 2-1-7 金尖茶

（5）广西紧压茶

六堡茶产于广西六堡乡，以中叶种或大叶种的茶树鲜叶为原料，茶树鲜叶一般为 1 芽 3 叶或 1 芽 4 叶，如图 2-1-8 所示。

图 2-1-8 六堡茶

### 2. 紧压茶的特点

（1）云南紧压茶

1）云南沱茶外形呈碗臼状，紧实又光滑，色泽乌润，有白毫，汤色橙黄明亮，叶底嫩匀尚亮，香气醇浓馥郁，滋味浓厚，入喉回甘。普洱沱茶外形呈碗臼状，紧实，色泽褐红，汤色红浓明亮，叶底稍粗，呈猪肝色，有独特的陈香，滋味醇厚回甘。

2）饼茶又叫小饼茶，规格比圆茶小，外形端正，切口平整，色泽尚乌，有白毫，叶底尚嫩欠匀，汤色橙黄，香气醇和，滋味醇正。

3）圆茶外形圆整，洒面均匀显毫，色泽尚乌油润，有白毫，汤色橙红明亮，叶底呈猪肝色，尚嫩欠匀，香气纯正，有特殊陈香味，滋味醇和可口。

4）紧茶外形为长方形小砖块或心脏形，表面紧实，厚薄均匀，砖形端正，色泽尚乌，有白毫，汤色橙红尚明，叶底尚嫩欠匀，香气纯正，滋味浓厚。

5）普洱方茶外形平整，色泽乌润，白毫显露，汤色黄而明亮，叶底嫩匀尚亮，香气醇浓，滋味浓厚。

（2）湖南紧压茶

1）茯砖茶棱角分明，砖面平整，色泽褐润，汤色橙黄，滋味醇和，叶底褐色，由于添加了“发花”这一特殊工序，因此带有浓厚的菌香。

2）黑砖茶砖面端正，四角平整，砖面色泽黑褐，无黑霉、白霉、青霉等霉菌，汤色橙黄，香气纯正或带松烟香，滋味浓厚微涩，叶底暗褐尚匀。

3）花砖正面有花纹，色泽黑褐，汤色红黄微暗，香气纯正，滋味浓厚微涩，叶底暗褐尚匀。

（3）四川紧压茶

1）金尖茶外形为圆角长方枕形，稍紧实，无脱层，色泽棕褐，砖内无黑霉、白霉、青霉等霉菌，香气高爽纯正，带有油香，汤色黄红明亮，滋味醇和，叶底暗褐不太均匀。

2）康砖外形平整紧实，洒面均匀明显，无起层脱落，色泽棕褐，砖内无黑霉、白霉、青霉等霉菌，香气纯正，具有老茶的香气，汤色红褐明亮，滋味醇和尚浓，叶底棕褐不均匀。

3）方包茶色泽黄褐，稍带烟焦气，汤色红黄，叶底黄褐，滋味醇和。

（4）湖北紧压茶

1）米砖茶外形美观，砖形棱角分明，四角平整，表面光滑，纹面图案清晰秀丽。特级米砖色泽乌黑油润，汤色红褐，叶底暗红，香气醇和，滋味浓醇。普通米砖茶黑褐稍泛黄，汤色深红，叶底暗红，香气平正，滋味尚浓醇。

2）青砖茶外形呈长方砖形，砖面光滑，棱角分明，紧结平整，色泽青褐，压印纹理清晰，砖内无黑霉、白霉、青霉等霉菌，汤色黄褐尚明，香气纯正无粗老气，滋味醇和，叶底暗褐。

（5）广西紧压茶

六堡茶外形紧结，结成块状，色泽黑褐光润，叶底红褐，汤色红浓似琥珀，滋味甘和，滑润可口，有槟榔味，越陈越香。

## 二、紧压茶烹煮

### 1. 备具

准备好茶具，包括不锈钢壶（或玻璃壶）、玻璃杯、公道杯、茶道组、茶盘、茶巾等。

### 2. 温壶涤具

茶具中冲入烧开的沸水，主要用来温壶温杯，洗涤茶具和用具。

### 3. 碎茶

将适量的紧压茶打碎。

### 4. 投茶

将打碎的紧压茶放入不锈钢壶或玻璃壶中。

### 5. 煮茶

在烹煮的过程中，需要不断地进行搅拌。

### 6. 分茶

将冲泡好的茶汤倒入公道杯中，保证茶汤浓淡均匀，再均匀地倒入小茶杯中。

## 三、紧压茶奉茶服务

紧压茶奉茶服务同乌龙茶奉茶服务的三种情况。

## 四、紧压茶饮用注意事项

1. 紧压茶经过了蒸压等过程，因而变得非常紧实，所以在饮用之前需要将茶叶打碎，以使茶汁更好地浸出。

2. 紧压茶不适宜冲泡，而要采用烹煮的方法，这样用高温较长时间地冲泡茶叶，可以使茶汁更快更充分地浸出。

3. 紧压茶在烹煮的过程中有时需要不断地进行搅拌。

4. 根据地区、民族和风俗等的不同，紧压茶一般会加入不同的作料，采用调饮的方式品饮。

## 课程 2-2 鸡尾酒调制

### 学习内容

| 学习单元 | 课程内容 | 培训建议 | 培训学时 |
|---|---|---|---|
| （1）鸡尾酒常识 | 1）鸡尾酒的种类及特点<br>2）鸡尾酒的常用器具<br>3）调制鸡尾酒的原料<br>4）鸡尾酒装饰物 | （1）方法：讲授法<br>（2）重点与难点：鸡尾酒调制常用器具与原料 | 2 |
| （2）调制鸡尾酒 | 1）调制鸡尾酒的步骤与要求<br>2）摇和法调制鸡尾酒<br>3）调和法调制鸡尾酒<br>4）兑和法调制鸡尾酒<br>5）搅和法调制鸡尾酒<br>6）漂浮法调制鸡尾酒 | （1）方法：讲授法、演示法、实训法<br>（2）重点与难点：鸡尾酒调制方法 | 4 |

# 学习单元 1　鸡尾酒常识

## 一、鸡尾酒的种类及特点

### 1. 鸡尾酒的种类

（1）根据饮用方式分类

1）纯饮。使用一种原料来调制的鸡尾酒。

2）混合饮料。使用多种原料调制而成、具有多种口味和多种风格的鸡尾酒。

（2）根据酒度高低分类

1）硬性饮料。含酒精成分较高的鸡尾酒，酒精度大于 5%vol。

2）软性饮料。不含酒精或酒精度小于 5%vol 的调制饮料，如柠檬汁、柳橙汁等。

（3）根据饮用温度分类

1）冷饮料。饮用温度保持在 5 ~ 6℃的鸡尾酒，如长岛冰茶。

2）热饮料。饮用温度保持在 60 ~ 80℃的鸡尾酒，如爱尔兰咖啡。

（4）根据饮用时间分类

1）短饮料。适宜短时间内饮用完的鸡尾酒，其酒精浓度较高，所以酒量控制在 60 mL，不加冰，10 ~ 20 min 内不变味，3 ~ 4 口喝完，一般适用于餐前饮用。

2）长饮料。适合使用高脚杯长时间饮用的鸡尾酒，放 30 min 也不会影响其风味，加冰，一般适用于用餐时或餐后饮用。

（5）根据饮用时刻分类

1）餐前鸡尾酒，具有开胃和增进食欲的功能。

2）餐后鸡尾酒，一般是甜味的，具有帮助消化的功能。

3）清晨鸡尾酒，具有补充营养和提神的功效。

4）晚餐鸡尾酒，色彩艳丽，口味较辣，又叫午夜鸡尾酒。

5）寝前鸡尾酒，具有助营养、消疲劳、助睡眠、滋补的功效。

6）香槟鸡尾酒，一般是在盛大节日里饮用。

7）俱乐部鸡尾酒，一般是色泽鲜艳、营养丰富、有刺激性的混合鸡尾酒，在午餐或晚餐时饮用，可以用来代替头盘和汤菜。

（6）根据主体酒的种类分类

主要有白兰地鸡尾酒、伏特加鸡尾酒、朗姆酒鸡尾酒、龙舌兰鸡尾酒、利口酒鸡尾酒、清酒鸡尾酒、香槟鸡尾酒、葡萄酒鸡尾酒。

（7）根据配方的组成分类

主要有马天尼类、曼哈顿类、酸酒类、奶类鸡尾酒、双料酒类、海波类、菲士类、柯林类、时令类、霸克类、朱丽类、彩虹酒类。

### 2. 鸡尾酒的特点

（1）酒度可调

具有较强的适应性，男女老少皆宜。

（2）具有一定的刺激性

含酒精的鸡尾酒具有明显的刺激性，可以让人兴奋。适量地饮用可以缓和神经，放松肌肉。

（3）富有营养

果酒中含有十五种氨基酸，果汁富含维生素。

（4）增进食欲

含酒精的鸡尾酒可以刺激消化液的分泌，同时鸡尾酒中的酸味和苦味可以改善口感。

（5）花样繁多，调法各异

鸡尾酒的原料很多，在调制的过程中会选择多种配料，再加上地域、口味等因素，鸡尾酒口味非常丰富。

（6）口味舒适

鸡尾酒要求无怪杂味，其香味细腻、优雅、协调、平衡，给人以舒适感。

（7）口味优于单体组分

鸡尾酒的口味必须优于单体组分的口味，要调制出卓越的口味，就不宜过甜、过苦、过香，否则会影响品尝风味，降低品质。

（8）具有冷饮性质

鸡尾酒一般需要加冰调制或加冰饮用。加入咖啡的混合酒，常用沸水调配。广义的鸡尾酒不用加冰或热水调制，室温状态即可。

（9）色彩优美

鸡尾酒具有细腻、优雅、和谐的色调，常规的鸡尾酒的色彩有多种类型，如澄清透明、浑浊、五彩等。

（10）杯具考究

鸡尾酒应该选择样式新颖大方、颜色协调得体、容积大小适当的载杯装盛，并搭配合适的装饰品。

## 二、鸡尾酒的常用器具

### 1. 调酒工具

（1）调酒壶

调酒壶又叫雪克壶或摇酒器，由壶身、滤冰盖、壶顶盖三部分组成（如图 2–2–1 所示），一般采用不锈钢材质制成，也有少数为银制品或玻璃制品，包括 250 mL、350 mL、530 mL 三种型号，主要用于多种原料混合的鸡尾酒或加入蛋、奶等浓稠原料的鸡尾酒。调酒壶通过剧烈摇荡来均匀混合各种不同调酒原料。

图 2–2–1　调酒壶

（2）调酒杯

一种厚玻璃器皿，典型的调酒杯容量为 16 ~ 17 oz，用来盛冰块和各种饮料，调酒杯需保持一定温度，以免破碎，并且用一次要清洗一次，以保持清洁，如图 2–2–2 所示。

图 2-2-2　调酒杯

（3）滤冰器

由圆形过滤网、不锈钢丝卷、两个耳形边组成，用来过滤冰块和水果及其他酱状物等，以免将其倒进饮用杯中，如图 2-2-3 所示。

（4）量酒杯

常用的量酒杯为一头大一头小呈漏斗形的不锈钢制品，多用 30 mL 和 45 mL 的组合型，用来量取各种液体，如图 2-2-4 所示。

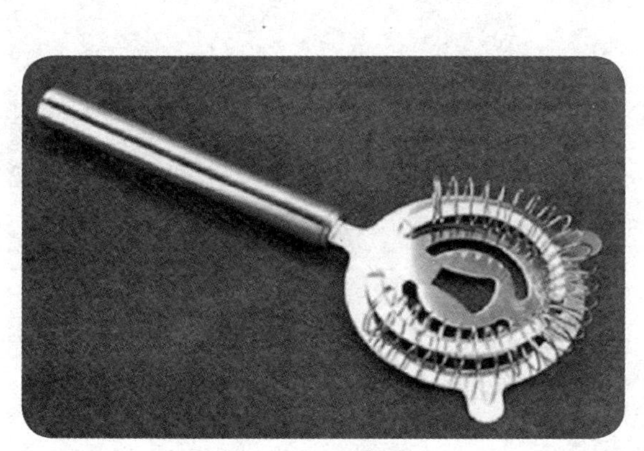

图 2-2-3　滤冰器

图 2-2-4　量酒杯

（5）酒嘴

由不锈钢或塑料材质制成，安装在酒瓶口上，分为慢速、中速、快速三种型号，以控制倒出的酒量，打开的烈性酒一般都要安装酒嘴，如图 2-2-5 所示。

（6）调酒匙

是一个匙浅、柄部呈螺旋状、顶部有匙叉的长柄小匙，容量约 3.5 mL，匙长 10～11 in，与调酒杯搭配，用于搅拌调酒原料，如图 2-2-6 所示。

图 2-2-5　酒嘴

图 2-2-6　调酒匙

（7）调酒棒

用于搅匀酒水，如图 2-2-7 所示。

图 2-2-7　调酒棒

（8）冰夹

不锈钢材质的夹子，用来夹取冰块，如图 2-2-8 所示。

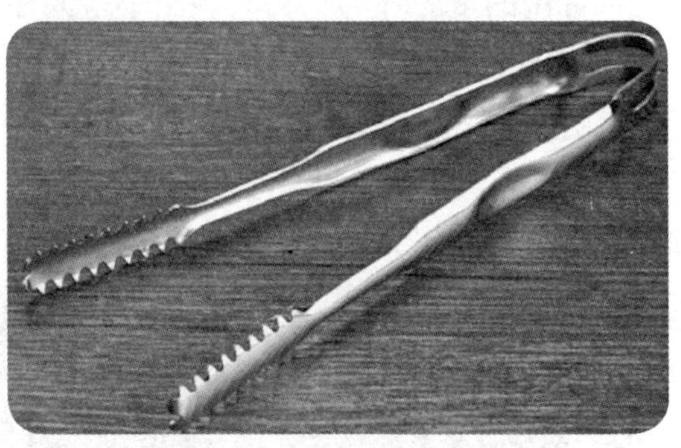

图 2-2-8　冰夹

（9）冰铲

不锈钢或塑料材质的铲子，用来铲取冰块，如图 2-2-9 所示。

（10）冰勺

为 6～8 oz 容量的不锈钢材质的勺子，用来从冰桶中舀出不同大小的冰块，不可以用玻璃杯代替冰勺，如图 2-2-10 所示。

图 2-2-9　冰铲

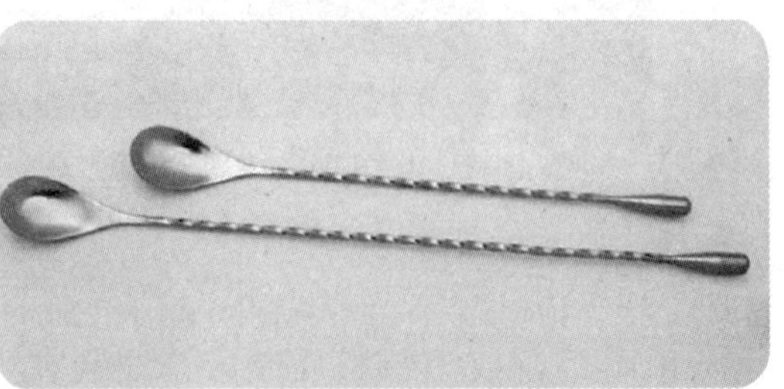

图 2-2-10　冰勺

（11）冰桶

有金属、玻璃、木头、塑料、陶瓷等多种材质和多种型号，用来盛放冰块，底部有去除融化水的装置，一般与冰夹搭配使用，如图 2–2–11 所示。

图 2–2–11　冰桶

（12）碎冰工具

用来将冰块敲成适当大小以备调制鸡尾酒或纯酒加冰，包括碎冰棒、冰锥等，如图 2–2–12 所示。在使用时，碎冰棒需握住其上部，用其底部将冰块敲碎；冰锥需握住其尖端附近，可更迅速地制作出细碎冰。

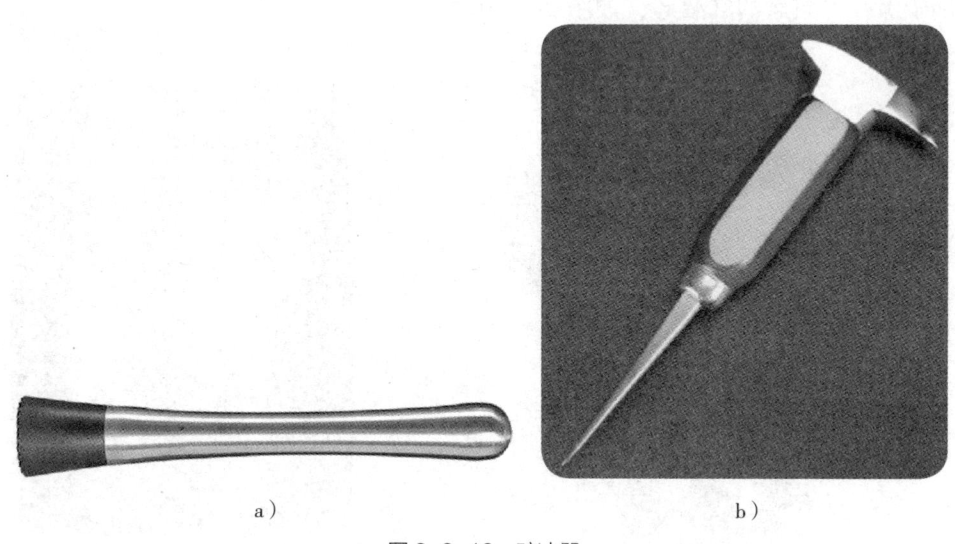

a）　　b）

图 2–2–12　碎冰器

a）碎冰棒　b）冰锥

（13）漏斗

用来把酒或饮料从大容器倒入适合的小容器中，以方便使用，如图 2–2–13 所示。

（14）水果挤压器

用来挤榨鲜柠檬或柳橙等新鲜水果的手动挤压器，如图 2–2–14 所示。

图 2–2–13　漏斗

图 2–2–14　水果挤压器

（15）宾治盆

玻璃或不锈钢制品，搭配宾治杯和勺以调制量大的混合饮料，如图 2–2–15 所示。

（16）真空塞

用于保存开瓶后的红酒等，如图 2–2–16 所示。

图 2–2–15　宾治盆

图 2–2–16　真空塞

（17）保鲜纸

用来保存加工后未用完的水果等。

（18）酒架

用来存放酒水的架子。

（19）垃圾桶

用来放置在调制鸡尾酒和混合饮料时产生的垃圾。

## 2. 装饰准备用具

（1）砧板

为方形塑料板或木制板，用来在上面进行装饰物的改形操作。

（2）吧刀

一般为小型或中型的不锈钢刀，刀口锋利，有利于提高操作效率。

（3）装饰叉

为约 10 in 长的不锈钢材质的两齿叉，用来从瓶口较窄的瓶中取出洋葱或橄榄等物品。

（4）削皮刀

专门用于削柠檬等水果皮的特殊刀具，为装饰饮料做准备。

## 3. 饮用服务工具

（1）开瓶器

又叫启瓶器，一般为不锈钢材质，容易擦洗干净。

（2）开塞钻

又叫螺旋开酒器，由螺旋、切瓶口锡箔纸的刀和木塞旋出杆组成，用来开启葡萄酒酒瓶的软木塞。

（3）吸管

一般为塑料材质，方便饮用高杯中的饮料。

（4）装饰签

用来固定点缀鸡尾酒的樱桃、柠檬片等装饰物。

（5）鸡尾酒纸巾

垫在饮料杯下面，以免弄湿桌面及宾客衣物。

（6）服务托盘

一般为圆形软木面防滑托盘，有 10 in 和 14 in 两个型号。

（7）账单夹

在宾客结账核对餐单时，向宾客提供餐单所使用的夹子。

（8）盐盅

方便宾客自行调味。

（9）糖盅

方便宾客自行调味。

（10）酒篮

为宾客进行酒水服务时使用。

4. 常用杯具

（1）香槟杯

用于盛装香槟酒，也可以盛装长饮或短饮类鸡尾酒。容量为 4.5 ~ 9 oz，分为郁金香形香槟杯、笛形香槟杯、浅碟形香槟杯，其中以 4 ~ 6 oz 容量的浅碟形香槟杯和郁金香形香槟杯最常见。

1）郁金香形香槟杯是一种高脚、杯身呈郁金香花形的杯子，容量为 4.5 ~ 9 oz，其形状特殊的杯身可用于盛装起泡酒以保持酒香不易散失，如图 2–2–17a 所示。

2）笛形香槟杯是一种高脚、杯身呈直筒状的杯子，容量为 4.5 ~ 6 oz，细长的杯身有利于观赏气泡酒在上升过程中的动态美，如图 2–2–17b 所示。

3）浅碟形香槟杯是一种高脚、宽口、杯身低浅的杯子，容量为 4.5 ~ 8.5 oz，可在喜庆场合用于堆叠香槟塔，如图 2–2–17c 所示。

a）　　b）　　c）

图 2–2–17　香槟杯

a）郁金香形香槟杯　b）笛形香槟杯　c）浅碟形香槟杯

（2）葡萄酒杯

1）红葡萄酒杯是一种高脚、杯身呈圆筒状的杯子，容量为 4 ~ 10 oz，用来盛装红葡萄酒，也可以盛装鸡尾酒，如图 2–2–18a 所示。

2）白葡萄酒杯是一种高脚、杯身较细长的圆筒状杯子，容量为 4 ~ 10 oz，用来盛装白葡萄酒，也可以盛装鸡尾酒，如图 2–2–18b 所示。

a）　　　　b）

图 2–2–18　葡萄酒杯

a）红葡萄酒杯　b）白葡萄酒杯

（3）古典杯

又叫老式杯，是一种平底、宽口、杯身较低矮、杯壁较厚的杯子，容量为 7 ~ 12.5 oz，用来盛装烈性加冰块的鸡尾酒，如图 2–2–19 所示。

图 2–2–19　古典杯

（4）岩石杯

这是外形呈圆筒状的一种平底杯，在外形和用途上与古典杯相似，容量为 5 ~ 10.5 oz，如图 2–2–20 所示。

（5）白兰地杯

是一种专门盛装白兰地的收口式矮脚酒杯，杯身呈球形，有利于保存白兰地的酒香，容量为 5 ~ 8 oz，如图 2–2–21 所示。

图 2–2–20 岩石杯

图 2–2–21 白兰地杯

（6）利口酒杯

是一种杯口窄、杯身呈管状、杯脚短的小型有脚杯，容量为 1 ~ 2 oz，用来盛装餐后利口甜酒，也可以盛装短饮类鸡尾酒，如图 2–2–22 所示。

（7）雪利酒杯

是一种杯身呈“U”形或倒三角形的小型杯子，容量为 2 ~ 3 oz，专门用来饮用雪利酒和波特酒，如图 2–2–23 所示。

图 2–2–22 利口酒杯

图 2–2–23 雪利酒杯

（8）酸酒杯

是一种杯口窄小、杯身较深的圆筒形杯子，容量为 5 oz，专门用来盛装酸酒类饮料，如图 2–2–24 所示。

（9）海波杯

又叫高球杯，是一种杯身呈直圆筒形的有脚或平底直身杯，容量为 5 ~ 9 oz，用来盛装长饮类鸡尾酒或软性饮料，以苏打饮料为主，如图 2–2–25 所示。

图 2–2–24　酸酒杯

图 2–2–25　海波杯

（10）柯林杯

是一种形同海波杯的大型高身平底水杯，杯口略宽于杯底，容量为 8 ~ 10 oz，可以用来盛装各种软性饮料或长饮类鸡尾酒，如图 2–2–26 所示。

（11）玛格丽特杯

是一种杯口宽、杯身呈梯形的高脚杯，容量为 7 ~ 9 oz，用来盛装玛格丽特鸡尾酒或其他中、长饮类鸡尾酒，如图 2–2–27 所示。

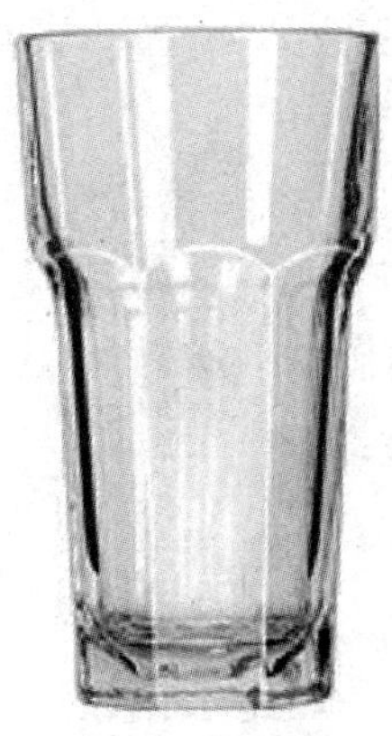

图 2–2–26　柯林杯

图 2–2–27　玛格丽特杯

（12）果汁杯

杯身婀娜多姿，用来盛装用基酒和亚热带水果原汁调制而成的鸡尾酒，如图 2–2–28 所示。

（13）其他杯具

1）爱尔兰咖啡杯是一种杯壁较厚、不易散热的咖啡杯，容量为 6 ~ 12 oz，用来盛装爱尔兰咖啡或热饮类鸡尾酒，如图 2–2–29 所示。

图 2–2–28　果汁杯

图 2–2–29　爱尔兰咖啡杯

2）比尔森杯分为有脚比尔森杯（容量为 7 ~ 10 oz）和平底比尔森杯（容量为 12 ~ 15 oz）两种类型，曾用来盛装比尔森啤酒或其他啤酒，现在用来盛装长饮类鸡尾酒，如图 2–2–30 所示。

3）有柄啤酒杯又叫生啤酒杯，杯壁厚、杯体重，容量为 16 ~ 32 oz，用来盛装啤酒，如图 2–2–31 所示。

图 2–2–30　比尔森杯

图 2–2–31　有柄啤酒杯

4）彩虹酒杯容量为 2 ~ 3 oz，用来盛装彩虹鸡尾酒，如图 2–2–32 所示。

5）飓风酒杯又叫特型杯，造型奇特，容量为 22 ~ 23.5 oz，用来盛装热带风味鸡尾酒，如图 2–2–33 所示。

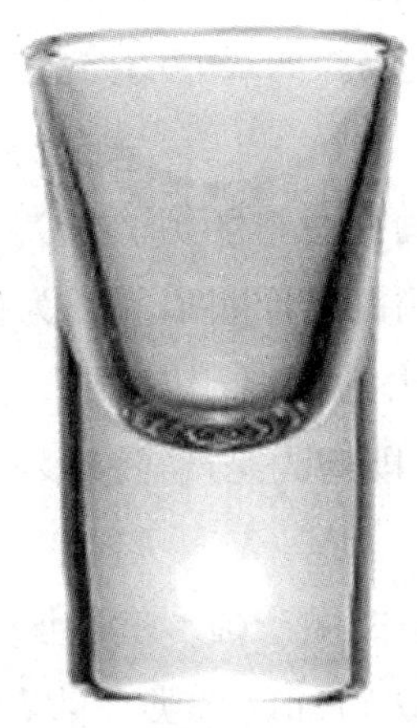

图 2–2–32　彩虹酒杯

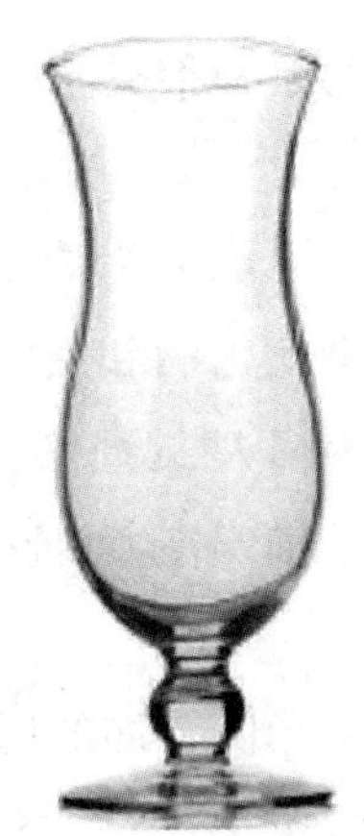

图 2–2–33　飓风酒杯

## 三、调制鸡尾酒的原料

### 1. 基酒

基酒又叫酒底或酒基，是鸡尾酒的主体和鸡尾酒酒精含量的主要来源，每一款鸡尾酒中基酒的选择决定了该鸡尾酒的主要风味。鸡尾酒的基酒以烈性酒为主，主要包括金酒、威士忌、白兰地、朗姆酒、伏特加和特基拉六大基酒。

（1）金酒

又叫杜松子酒，是世界第一大类烈酒，按照口味风格可以分为辣味金酒、老汤姆金酒和果味金酒。金酒酒液无色透明，气味奇异清香，口感醇美爽适。英国金酒可单饮，也可搭配其他酒或作为鸡尾酒的基酒，被称为鸡尾酒的心脏。荷兰是最早生产金酒的国家，但所产金酒一般只用来单饮。

（2）威士忌

威士忌按照国家或产地的不同，可以分为苏格兰威士忌、爱尔兰威士忌、加拿大威士忌和美国威士忌等，不同的威士忌在原料、工艺、口味等方面都有一定差异。例如，加拿大威士忌的口味最清淡，爱尔兰威士忌没有烟熏的焦味。在调制鸡尾酒的过程中，传统的鸡尾酒一般都搭配指定的威士忌。

（3）白兰地

白兰地最早是将白葡萄酒中的水分去掉后浓缩成的酒精。白兰地可以分为干邑白兰地和水果白兰地，干邑白兰地的原料是葡萄，水果白兰地的原料除了葡萄外还可以添加各种水果。法国、德国、意大利、西班牙和美国等是著名的白兰地生产国，其中法国生产的干邑白兰地和雅文邑白兰地等是世界上公认的最好的白兰地。

（4）朗姆酒

朗姆酒按照口味可以分为淡朗姆酒、中性朗姆酒和浓朗姆酒三类，按照颜色又可以分为白朗姆酒、金朗姆酒和黑朗姆酒三类。朗姆酒的原料以甘蔗为主，所以朗姆酒主要产于盛产甘蔗及蔗糖的地区，例如，加勒比海地区西印度洋群岛一带的牙买加、古巴、海地、多米尼加、波多黎各等国。最有名的朗姆酒是产自波多黎各的百加得。

（5）伏特加

俄罗斯是最早生产伏特加的国家，也是伏特加的主产国，伏特加是俄罗斯和波兰的国酒。伏特加可以分为中性酒精伏特加和调香伏特加两大类，前者无色、无杂味、味烈、劲大、口感纯净，后者是在中性酒精伏特加的储藏或浸泡过程中添加花卉、药草、水果等，为伏特加增加了芳香和颜色。在调制各种鸡尾酒的过程中，伏特加因为酒质晶莹无色、清淡爽口，被认为是最具有灵活性、适应性和变通性的基酒。

（6）特基拉

特基拉又叫龙舌兰，是以墨西哥的植物龙舌兰为原料加工而成的烈性酒，带有龙舌兰独特的芳香味。龙舌兰是墨西哥的特产，被称为墨西哥的灵魂和国酒。特基拉按照颜色可以分为白色特基拉和金色特基拉两类，前者无色，又被称为银色特基拉，为非陈年酒，后者呈金黄色，为短期陈酿酒。

另外，开胃酒、葡萄酒、香槟酒等也可以作为鸡尾酒的基酒，在我国，有些鸡尾酒的基酒也会选用中国白酒或米酒等。鸡尾酒的调制一般选择一种基酒，有时也会选用两种，过多种类的基酒混合在一起会破坏酒味。

2. 辅料

（1）开胃酒

开胃酒即餐前酒，是以葡萄酒、蒸馏酒为原料，加入香料、草药等配制而成的，主要在餐前饮用以增加食欲。意大利和法国是世界上开胃酒的著名产地，味美思、比特酒和茴香酒是著名的开胃酒品种。

1）味美思。味美思是以葡萄酒为基酒，加入苦艾等几十种植物和蒸馏酒调制的含酒精饮料，酒精度主要集中在16%vol ~ 18%vol，分为白味美思、红味美思和干味美思三类，以法国和意大利生产的为最优。

2）比特酒。比特酒以葡萄酒或食用酒精为基酒，加入多种植物原料，与味美思相比较，比特酒中带苦味的原料比例较大，酒精度为 18%vol ~ 45%vol，可助消化、滋补和提升兴奋度。著名的比特酒有意大利米兰的金巴利、法国巴黎的杜本内、委内瑞拉的安哥斯特拉苦精等。

3）茴香酒。茴香酒是通过调制茴香油和食用酒精或蒸馏酒制成的，分为无色和染色两种，口味香浓刺激。其中制作开胃酒的茴香油是从八角茴香中提取的，从青茴香提取出的茴香油多用于利口酒的制作。茴香酒生产国主要分布在地中海沿岸，以法国生产的茴香酒最为有名，如法国的潘诺、皮尔、圣 – 拉斐尔。

（2）甜食酒

甜食酒是加入白兰地的强化葡萄酒，酒精量和含糖量都要高出一般的葡萄酒，适宜搭配甜食饮用，有雪利酒、波特酒、玛德拉酒、玛萨拉酒等种类。

1）雪利酒。选用赫雷斯帕罗米诺、派得罗、乐斯泰尔三种葡萄酿造，其中赫雷斯帕罗米诺最佳。雪利酒产于西班牙，是西班牙的国酒，有菲奴、欧罗索等。

2）波特酒。由不同品种的葡萄混合酿造而成，酒气香醇、酒质浓厚、口感圆润、甜而不腻、有红枣味，其寿命较短。波特酒产自葡萄牙，是葡萄牙的国酒，种类较多，有白波特酒、红宝石波特酒、茶色波特酒、酒垢波特酒、晚装瓶年份波特酒、年份波特酒等。

3）玛德拉酒。产于葡萄牙马德拉岛，是当地生产的葡萄酒与白兰地勾兑制成的一种强化葡萄酒，是世界上寿命最长的酒之一。按照酒的甜度可以分为舍西亚尔、弗德罗、布阿尔、马尔姆赛等四种。

4）玛萨拉酒。产于意大利西西里岛的玛萨拉地区，分为特精酿玛萨拉酒、优酿玛萨拉酒、精酿玛萨拉酒和加香玛萨拉酒四种基本类型。

（3）利口酒

利口酒又叫力娇酒，是以食用酒精和其他蒸馏酒为基酒搭配各种调香原料制成的酒精饮料，颜色娇美、气味芬芳、酒味甜蜜，具有中、高度酒精含量，有助于消化和舒筋活血。根据原料和酿造方法的不同，可以分为水果类利口酒、种子类利口酒、草本类利口酒、乳脂类利口酒四种。

1）水果类利口酒。采用浸渍法对水果的果实或果皮、糖料、基酒三部分进行酿造，口味清爽新鲜，著名的水果利口酒有荷兰的橙皮甜酒和法国的君度香橙、白橙味甜酒、椰子甜酒等。

2）种子类利口酒。以植物的种子作为原料酿造而成，著名的种子类利口酒有茴香利口酒和杏仁利口酒，杏仁利口酒中以意大利的亚马度和法国的果核酒最为有名。

3）草本类利口酒。以草本植物为原料酿造而成，主要有法国的修道院酒和当酒、英国的杜林标、意大利的加利安奴甜酒等。

4）乳脂类利口酒。以水果、草料或植物种子为原料酿造成的一种较浓稠的利口酒，主要有以咖啡豆为原料的咖啡乳酒和以可可豆为原料的可可乳酒。

（4）果汁类

1）天然果汁。将新鲜水果直接压榨成汁液，不添加、不稀释、不发酵，果汁含量100%，有时可以添加少许盐、糖，如柠檬汁、苹果汁、葡萄汁、菠萝汁等。

2）果汁饮料。在天然果汁中添加水、糖、色素等添加物调制成单一果汁或混合果汁，其中果汁含量一般为6%～30%，如橙汁饮料、菠萝饮料、混合水果饮料等。

3）浓缩果汁。将新鲜水果榨汁浓缩后，加入糖、色素、防腐剂、香料、乳化剂等添加物，果汁含量在50%以上，食用时一般需加水稀释，如浓缩柠檬汁、浓缩菠萝汁、浓缩葡萄汁等。

4）果浆。果浆是将水果可食用部分通过打浆工艺制成的，比果汁含有更多水果中可食用的成分。

5）果肉果汁。果肉果汁是一种含有少量细碎果肉的饮料，也可以在果浆或浓缩果浆中加水、糖、香精等调制而成。

6）蔬菜汁。将蔬菜压榨成汁液，加入水果汁和香料等添加物，如番茄汁等。

（5）碳酸饮料

碳酸饮料是在经过纯化的饮用水中压入二氧化碳气体、加入食品添加剂的饮料，饮用时有较多泡沫，清凉爽口。按照我国软饮料的分类标准，碳酸饮料可以分为普通型碳酸饮料、果味型碳酸饮料、果汁型碳酸饮料和可乐型碳酸饮料四大类。

1）普通型碳酸饮料。在饮用水中压入二氧化碳而不添加人工合成香料和任何天然香料的饮料，如苏打水、矿泉水碳酸饮料等。

2）果味型碳酸饮料。在碳酸水的基础上添加具有水果香味的香精和具有水果色泽的着色剂，果汁含量较低，不超过2.5%，如柠檬味汽水、苹果味汽水、干姜水等。

3）果汁型碳酸饮料。在碳酸水基础上添加一定量的新鲜果汁，果汁含量一般为2.5%～10%，具有一定的营养价值，如鲜橙汽水、蜜瓜饮料等。

4）可乐型碳酸饮料。这是一种将多种香料、天然果汁、焦糖色素与经过纯化的饮用水混合后，压入二氧化碳气体的饮料，如可口可乐、非常可乐、百事可乐等。

（6）香料类

1）肉豆蔻。具有较大的甜香味和刺激性，可消除肉类的腥味，常用于含蛋清或牛奶的鸡尾酒中。

2）肉桂粉。又叫玉桂粉，是一种很受欢迎的香料，多洒在鸡尾酒的表面，使人产生一种芳香、甜美、温和的感觉。

3）薄荷。薄荷清新的香气使人有一种心旷神怡的感觉，清爽的口感又有助于生津止渴。

4）丁香。呈浅红色，气味芳香、微辛。

5）辣酱油。原产于英国，呈深褐色，香味浓郁，兼具酸、甜、辣等口味。

6）辣椒汁。用红辣椒精制三年而成，呈朱红色，味道酸辣。

（7）其他辅料

1）鲜牛奶。鲜牛奶保质期较短，对温度有一定要求，需放冰箱冷藏。

2）掼鲜奶。又叫搅打稀奶油，是一种经过加工的发泡奶油。

3）鸡蛋。需采用新鲜鸡蛋，根据鸡尾酒配方选择蛋黄或蛋白。

4）砂糖。鸡尾酒中多用粒状砂糖或方糖，精细白糖粉在鸡尾酒中也经常被使用。

5）糖浆。是指含糖量为 50% 的溶液，可以自己调制，如薄荷糖浆、草莓糖浆、杏仁糖浆等。

6）盐。一般使用的是幼盐，即细的精盐。

7）咖啡。通常采用苦味不太浓的上等咖啡粉，但一般不用速溶咖啡粉。

8）冰块。不同大小、不同形状的冰块对鸡尾酒的口味有较大的影响，一般有立方体块冰、粗碎冰、碎冰、大冰块、冰坨等，需根据鸡尾酒配方要求选择合适的冰块。例如，碎冰多用于热带鸡尾酒，冰坨多用于岩石酒类鸡尾酒，立方体块冰多用于调酒壶和酒杯中。

## 四、鸡尾酒装饰物

### 1. 材料

（1）水果类

樱桃有红、绿、黄、黑四种颜色，市场上有新鲜樱桃或瓶装罐头樱桃；草莓选用果粒鲜红、外形匀称的新鲜草莓；橙子和柠檬选用新鲜、个大、果皮光滑、色泽金黄的；选用菠萝做装饰物时，一般要保留整颗菠萝，尤其是上面的绿叶；还有很多种水果都可以用来作为装饰物，但要保证水果的新鲜和颜色的鲜艳美观，例如，西瓜、香蕉、杧果、黑加仑、西梅、奇异果、西柚、哈密瓜、荔枝等。

（2）鲜花类

当季鲜花是鸡尾酒装饰物中极佳的选择，鲜花具有美丽的外形和芳香的气味。例如，丁香花色彩漂亮、花型美观、芳香扑鼻，是极佳的鲜花类鸡尾酒装饰物。但是选用鲜花时要注意避免使用易过敏性鲜花，要询问宾客是否对某种鲜花过敏。

（3）蔬菜类

洋葱采用小指头大小的珍珠洋葱，又叫鸡尾洋葱，其圆润透明，观赏价值高；橄榄采用体积较小的青橄榄，可购买产于地中海的罐装橄榄，多用于马天尼等鸡尾酒；青瓜采用颜色鲜绿、表皮光滑的新鲜青瓜；薄荷叶选用带枝的鲜嫩薄荷，用来装饰有薄荷甜酒成分的鸡尾酒。此外，芹菜、胡萝卜条等也经常被运用到鸡尾酒的装饰中。

（4）糖粉和盐霜等

糖作为装饰物时，一般选用糖粉而不用糖精或糖粒，在杯口用糖粉做成糖圈，可用来缓解柠檬汁的酸味。盐也需选用精盐或盐霜来作为盐圈杯口。

（5）鸡尾酒签

用来刺穿小型原料并放于酒中。

（6）调酒棒

可以定制各式图案，用于不同目的和场合。

（7）杯垫

可通过印制各种图案来增强鸡尾酒的装饰性。

（8）其他装饰物

例如，小伞、彩带、树叶、小人等小件物品经常被选用作为鸡尾酒装饰物。

### 2. 制作

（1）制作圆形柠檬片和橙片

先将柠檬或橙子横向切片，然后直接投入鸡尾酒杯内进行装饰。亦可沿半径切出一个开口，然后挂杯进行装饰，如老式鸡尾酒和金汤力鸡尾酒等。

（2）制作半圆形柠檬片和橙片

先将柠檬或橙子横向切片，然后切成半圆形片，再切出一个开口挂在杯口进行装饰，如新加坡司令等。

（3）制作柠檬块和橙块

先将柠檬或橙子纵向切成均匀的八块，然后用刀分开果肉和果皮，再让果皮悬在杯外，果肉留在杯内挂杯。也可在果肉处切斜刀，然后将其卡在杯口处。

（4）制作螺旋形柠檬皮

将柠檬皮削成螺旋形，一头挂在杯边，其余部分果皮挂在杯内，如马头鸡尾酒等。

（5）制作柠檬皮和红樱桃

用刀将柠檬皮削成长条，然后用鸡尾酒签把柠檬皮长条和红樱桃穿在一起，放在杯口。

（6）制作柠檬片和红樱桃

将红樱桃裹在柠檬片的中间，然后用鸡尾酒签把柠檬片和樱桃穿在一起，放在杯口。

（7）制作橙角（柠檬角）和红樱桃

将橙子（柠檬）竖切 1/8 橙角（柠檬角），然后用鸡尾酒签连同樱桃一起穿起来。

（8）制作小樱桃挂杯

将小樱桃开一个小口挂在杯口。

（9）制作带叶菠萝块

将菠萝横向切成两半，去皮，再纵向切成 1/8 厚片，带叶装饰。

（10）制作菠萝块和红樱桃

将菠萝横向切成厚度适当的圆片，去皮，再取圆片的 1/8，切成一小块，用鸡尾酒签把菠萝块和红樱桃穿起来进行装饰。

（11）制作橄榄和樱桃

橄榄和樱桃可直接投入杯中。其中干性和中性鸡尾酒多用橄榄装饰，甜性鸡尾酒多用红樱桃装饰。

（12）制作吸管穿红樱桃

用吸管从红樱桃中穿过，然后将红樱桃提至吸管打弯处，剔除吸管中的果肉后将其放入杯内。

（13）制作芹菜杆

先洗净芹菜根部，去老叶，留下嫩叶，测量酒杯高度，将芹菜纵向切成较细的条状，横向切成适合酒杯高度的长度，保存在干净水中以免其变色。

（14）制作盐圈杯和糖圈杯

又叫上霜杯型、雪糖杯型或雪霜杯型。先把酒杯擦干，再用柠檬擦拭杯口边，使杯口沾湿的边湿度均匀、宽窄一致，然后把酒杯口放入糖粉或盐霜中，再将其轻轻提起，弹去多余糖粉或盐霜，最后正置酒杯。

# 学习单元 2　调制鸡尾酒

## 一、调制鸡尾酒的步骤与要求

1. 调酒基本步骤

（1）调酒准备

调酒准备工作是鸡尾酒调制顺利完成的重要环节，在调酒之前，应将所需的调酒用具、酒水、辅酒、辅料、载杯、装饰物等都准备好，并放在调酒工作台的指定位置，避免因准备工作不足影响鸡尾酒调制的时间和质量。

（2）杯具选择

根据鸡尾酒的配方选择所需的载杯及调酒用具。

（3）冰杯

鸡尾酒的杯子处于常温条件下时会高于鸡尾酒调制时所需的温度，从而影响鸡尾酒出品质量，所以在调制前需要在杯中加满冰块，调制后将杯中冰块倒掉，再把调制好的鸡尾酒倒入杯中。

（4）加料

按照配方顺序加入辅料、辅酒和基酒。

1）传瓶。将酒瓶从酒柜以及操作台上传到手中，双手之间传递的动作要简洁，避免多余动作。

2）示瓶。在向宾客示酒时，一手托住瓶底，另一只手握住瓶颈，瓶身呈 45° 倾斜朝向宾客，并请宾客查看商标。

3）开瓶。在开瓶时，需注意开口方向，避免朝向宾客和物品，在开启碳酸类饮料和起泡酒等时需放低瓶身。

4）量酒。开瓶后应立即拿起量杯，两臂略微抬起呈环抱状，保持量杯位于容器正上方，量杯端平并保持平稳，避免倾斜和颤抖。然后将酒倒入量杯，保持酒液流速均匀。达到所需酒量时应快速抬起瓶口，避免酒液过量甚至溢出，并迅速将酒倒入所用的容器中。最后放下量杯，拧紧瓶盖，将酒瓶归位。

（5）加冰

在调酒壶或调酒杯中加入适量冰块，动作准确、快速，以免冰块融化。不同的鸡尾酒在添加材料和冰块时存在先后顺序。出品酒水没有冰块时，应先放材料后加冰块，以免过早放入的冰块稀释酒液，影响酒品出品质量；出品酒水有冰块时，在制作时应先放冰块，以免倒出酒液时不能及时和冰块相混合，影响酒品出品质量。

（6）调制

根据酒品特点，选用正确的调制方法和规范的操作动作，以保证鸡尾酒的调制质量。

（7）装杯

装杯时，一只手扶杯（平底杯扶住杯底，有脚杯扶住细柄部），另外一只手倒酒，按照顺时针方向向杯子中间倒入酒液，以八分满为宜，避免碰触酒杯杯口以及酒液溢出影响出品酒品的美观。

（8）装饰

根据鸡尾酒配方或特点选择合适清洁的装饰物和装饰位置进行装饰。

（9）出品

根据饮用要求提供搅棒、杯垫等服务用品。

（10）清理

清理用完的酒水和辅料等并将其放回原处，最后清理工作台。

### 2. 调酒基本要求

（1）选择调制方法的基本要求

1）调酒原料均是透明的且各种酒水密度较低时，通常使用调和法。

2）调酒原料中部分是透明的或均是不透明的，或酒水密度较高时，通常使用摇和法。

3）调酒原料有固体时，通常使用搅和法。

4）成品酒需要分层时，通常使用兑和法。

5）含气体的碳酸类饮料不能使用摇和法。

6）所有鸡尾酒必须严格按照配方调制。

7）成品鸡尾酒不带冰时，在制作时一般先放材料后放冰。

8）成品鸡尾酒带冰时，在制作时一般先放冰后放材料。

9）配方中有碳酸饮料时，一定要最后添加。

（2）选择载杯的基本要求

1）成品鸡尾酒带冰时，一般使用古典杯或岩石杯。

2）成品鸡尾酒带冰和碳酸饮料、果汁时，一般使用柯林杯或海波杯。

3）酒杯与酒体要给人以协调舒适的感觉。

（3）保证质量的基本要求

1）保持双手干净，不接触不洁净物质，不能有抠耳朵或撩头发等动作。

2）不要用手直接碰触鸡尾酒、冰块、杯边和装饰物等。

3）调酒用具使用后应立即清洁。

4）遵循即调即饮原则，保证酒品的新鲜口感。

5）保证蛋、奶、水果等原料的新鲜。

6）酒量不足一杯时，应另开新酒，切忌将不足一杯的残酒倒给宾客。

7）一杯以上的鸡尾酒，不能一杯一杯地倒，而应将酒杯相连排开，从左到右或从右到左平均分配，以保证出品酒品的口味和质量。

## 二、摇和法调制鸡尾酒

摇和法又称摇荡法、摇晃法，是将各种基酒、辅料和配料放入调酒壶中，通过手的摇动使其充分混合。摇和法用来调制配方中含有鸡蛋、糖、果汁、奶油等较难混合原料的鸡尾酒，且使冰块不会较多融化从而影响酒品。在调制中，先在调酒壶中放入冰块，然后按照配方要求依次加入辅料和配料，再加入基酒，摇晃 5 ~ 10 s 后调酒壶外起霜，用滤冰器滤去残冰，最后将酒液倒入载杯中，并搭配合适的装饰物。

### 1. 单手摇和法

（1）单手摇和法一般选用 250 mL 的小号调酒壶或 350 mL 的中号调酒壶。

（2）在调酒壶中加入少量冰块，将备好的辅料、配料和基酒依次倒入调酒壶中。

（3）盖上调酒壶的过滤器和壶帽，用右手食指按住壶帽，无名指和小指夹住壶身右侧，拇指抵住壶身左侧，手心远离壶身。

（4）身体站直，两脚微微分开，腰直肩正，面带微笑，左手放在背后。

（5）右手手臂在身体右侧尽量拉直，手腕左右快速旋转，上下自然摆动，呈“S”形或“8”字形循环摇动。

（6）边摇动边聆听冰块在壶中发出的碰撞声，摇动 5 ~ 10 s 至调酒壶外起霜（若配方中有蛋清则摇动 30 s 左右）。

（7）打开调酒壶，将酒液滤出，倒入载杯。

### 2. 双手摇和法

（1）双手摇和法一般选用 530 mL 或 750 mL 的大号调酒壶。

（2）在调酒壶中加入少量冰块，将备好的辅料、配料和基酒依次倒入调酒壶中。

（3）盖上调酒壶的过滤器和壶帽，右手拇指按住壶帽，其他手指夹住壶身，左手中指按住壶底，拇指按住壶中间过滤盖处，其他手指自然伸开。

（4）身体站直，两脚微微分开，腰直肩正，面带微笑。

（5）壶头朝向调酒师，壶底朝外略向上抬。可水平前后摇动，即在肩膀与胸部正中位置，保持水平，前后有节奏地运动。亦可斜向上下摇动，即在右肩前方，壶底向上，在右胸前做上下斜线摇动。

（6）边摇动边聆听冰块在壶中发出的碰撞声，摇动 5 ~ 10 s 至调酒壶外起霜（若配方中有蛋清则摇动 30 s 左右）。

（7）打开调酒壶，将酒液滤出，倒入载杯。

## 三、调和法调制鸡尾酒

调和法是在酒水稀释最少的情况下，迅速将酒水冷却的一种调酒混合方法，有滤冰和不滤冰两种。

1. 在调酒壶中依次加入备好的辅料、配料和基酒，再加入冰块。

2. 盖上调酒壶的过滤器和壶帽，左手拇指和食指持杯的底部，右手按照握毛笔的姿势握住吧匙。

3. 不滤冰调制。沿着杯内壁顺时针方向搅拌，直到杯外壁出现水珠或手感冰凉。搅拌的过程中应只有冰块转动的声音，避免吧匙与调酒壶的摩擦声。

4. 滤冰调制。用吧匙搅拌五六圈，搅拌均匀后把滤冰器放在调酒杯口过滤冰块。

5. 将酒液倒入载杯中。

## 四、兑和法调制鸡尾酒

兑和法又称直接注入法，是将几种酒水直接倒入载杯中，通常适用于装在高杯中的饮品、果汁类饮品和热饮等，由于做法较为简单，所以初学者也可以做得很好。

1. 在高杯中加入 3/4 杯冰块。

2. 依次量入调配原料。

3. 兑入苏打水等含有气体的饮料，搅拌均匀。

4. 根据需要进行装饰。

## 五、搅和法调制鸡尾酒

搅和法是使用电动搅拌机，通过高速电动机的快速搅拌作用，将辅料、配料、基酒和碎冰等进行混合，这种方法效果好、效率高。

1. 将鸡尾酒配方中所需的水果去皮切成块、片或丁等形状，使其更易于搅拌。

2. 根据鸡尾酒配方要求依次将碎冰、辅料、配料和基酒等加入搅拌杯中，盖好杯盖。

3. 打开电源进行混合搅拌，时间一般不超过 10 s。

4. 搅拌机电动机停止工作后，将搅拌混合好的酒液倒入载杯中。

## 六、漂浮法调制鸡尾酒

漂浮法是兑和法的一种特殊形式，它要求将不同的酒水按照密度由大到小的顺序依次倒入载杯中，多用来调制各款彩虹鸡尾酒。

1. 选择一款合适的彩虹酒酒杯。

2. 将密度最大也是糖分最高的酒水倒入载杯，作为彩虹酒底层，再将其他酒水按照密度由大到小的顺序依次倒入载杯中。

3. 在倒入的过程中可借助一把长柄匙，将其插入杯内，使其贴紧载杯内壁，长柄匙背面朝上，需以缓慢均匀的速度将酒水倒入载杯，以减少倒入时酒水的冲力。

调制成的彩虹鸡尾酒层次分明、色彩绚丽，如雨后彩虹。

3

# 餐厅管理

- 课程 3-1　成本管理
- 课程 3-2　服务质量管理
- 课程 3-3　营销管理

# 课程设置

| 课程 | 学习单元 | 课堂学时 |
| --- | --- | --- |
| 3-1　成本管理 | （1）成本核算的方法 | 2 |
| | （2）餐饮产品定价方法 | 2 |
| 3-2　服务质量管理 | （1）餐饮服务各阶段菜品质量的控制 | 2 |
| | （2）菜品质量问题及处理 | 1 |
| | （3）常见餐饮服务态度问题及处理 | 2 |
| | （4）餐厅服务考核标准的制定 | 3 |
| 3-3　营销管理 | （1）餐饮营销的概念和特点 | 1 |
| | （2）餐饮营销的手段 | 1 |
| | （3）餐厅主题活动营销方案的制定 | 3 |

## 课程 3-1　成本管理

### 学习内容

| 学习单元 | 课程内容 | 培训建议 | 课堂学时 |
| --- | --- | --- | --- |
| （1）成本核算的方法 | 1）主料、辅料成本核算方法<br>2）调料成本核算方法<br>3）餐饮产品成本核算方法 | （1）方法：讲授法、实训法<br>（2）重点与难点：成本核算方法 | 2 |
| （2）餐饮产品定价方法 | 1）影响餐饮产品定价的内部因素<br>2）影响餐饮产品定价的外部因素<br>3）餐饮产品毛利率定价法 | （1）方法：讲授法、实训法<br>（2）重点与难点：餐饮产品定价方法 | 2 |

# 学习单元 1　成本核算的方法

## 一、主料、辅料成本核算方法

### 1. 主料、辅料成本的计算

主料和辅料是构成宴会产品的主体。主料是指各单位产品的主要原料，一般是指在一份菜品中占主要分量或价格最贵的部分，如火焰牛肉中的牛肉。辅料是指各单位产品的辅助原料，一般是指一份菜品中除了主料和调料之外的其他原料，如水煮肉片中的豆芽和豆皮等。

（1）一料一档计算方法

1）毛料加工处理后仅获得一种主料或辅料，剩余的毛料部分不能被加以利用，其计算公式为：

主料或辅料净料单位成本 = 毛料进价总值 ÷ 主料或辅料质量

2）毛料加工处理后除了获得应有的一种主料或辅料外，剩余的毛料部分可以被利用，其计算公式为：

主料或辅料净料单位成本 =（毛料进价总值 − 其他可利用毛料部分总值）÷ 主料或辅料质量

【案例 1】某餐厅购入原料 A 共 25 kg，进价为 18.4 元 /kg。经过初步加工处理后得到净料 18.7 kg，下脚料没有任何利用价值，求原料 A 的净料单位成本。

根据净料单位成本计算公式，原料 A 的净料单位成本为：

原料 A 的净料单位成本 = 毛料进价总值 ÷ 净料总质量

$=25\times18.4\div18.7$

$=24.60$ 元 /kg

【案例 2】某餐厅购入原料 B 共 35 kg，进价为 3.8 元 /kg，经过初步加工处理后得到净料 28.6 kg，下脚料 2.4 kg，单价 3 元 /kg，废料 6.4 kg，没有任何利用价值，求原料 B 的净料单位成本。

根据净料单位成本计算公式，原料 B 的净料成本为：

原料 B 的净料单位成本 =（毛料进价总值 − 下脚料价值）÷ 净料总质量

=（35×3.8−2.4×3）÷28.6

=4.40 元 /kg

（2）一料多档计算方法

毛料加工处理后获得不止一种的主料或辅料，不同种类主料或辅料有可能用于不同的宴会产品，所以此时需要计算出每一种主料或辅料的成本，其计算公式为：

一料多档单位成本 = 毛料质量 × 毛料价格 × 各档原料价值比 ÷ 各档净料质量

【案例 3】某餐厅购进净鹅 83 kg，进价为 17.24 元 /kg，经过加工处理后得到鹅腿 20.6 kg，鹅脯 17.4 kg，鹅翅 10.6 kg，鹅脖和鹅掌 15.6 kg，其余为下脚料，没有任何利用价值。各档原料价值比分别为 43.3%、29.4%、13.5%、8.6%、5.2%，请核算各档原料单位成本。

根据原料单位成本计算公式，鹅腿的单位成本为：

鹅腿单位成本 =83×17.24×43.3%÷20.6

=30.08 元 /kg

以此类推，可算出其他各档原料的单位成本。

（3）不同渠道采购同一原料计算方法

同一种原料可能从不同的渠道采购，有的渠道可以送货上门，有的渠道在外地需要支付运输费用，这时需要采用加权平均法，其计算公式为：

主料或辅料成本 =［主料或辅料（渠道 1）+ 运输成本（渠道 1）+ 主料或辅料（渠道 2）+ 运输成本（渠道 2）+…+ 主料或辅料（渠道 $N$）+ 运输成本（渠道 $N$）］÷［主料或辅料总质量（渠道 1）+ 主料或辅料总质量（渠道 2）+…+ 主料或辅料总质量（渠道 $N$）］

## 2. 生料、半成品和成品的成本计算

（1）生料成本计算

生料是指经过拣洗、宰杀、拆卸等加工处理，没有经过烹调而未达到成熟程度的各种原料的主料或辅料。其计算公式为：

生料成本 =（毛料总值 − 其他可利用毛料部分总值）÷ 生料质量

（2）半成品成本计算

半成品是指经过初步熟加工，还没有完全加工成成品的主料或辅料。根据加工方法的不同，可以分为无味半成品和调味半成品，所以计算方法有两种，分别是无味半

成品成本计算和调味半成品成本计算。

1）无味半成品成本计算。无味半成品一般是指经过焯水等初步熟加工的各类主料或辅料，其计算公式为：

无味半成品成本 =（毛料总值 – 其他可利用毛料部分总值）÷ 无味半成品质量

2）调味半成品成本计算。调味半成品成本计算一般是指加放调味品的鱼丸、肉丸等半成品，其计算公式为：

调味半成品成本 =（毛料总值 – 其他可利用毛料部分总值 + 调味品总值）÷ 调味半成品质量

（3）成品成本计算

成品是指由主料、辅料、调味品构成的熟食品，以卤制冷菜居多，其计算公式为：

成品成本 =（毛料总值 – 其他可利用毛料部分总值 + 调味品总值）÷ 成品质量

## 二、调料成本核算方法

### 1. 单件成本核算法

单件调料成本是指制作单件产品的调料成本。这类调料成本一般由各种不同的调料组成，需要估算出每一种调料的用量，然后根据进价算出每一种调料的总价并相加。其计算公式为：

单件调料成本 =（调料 1 用量 × 调料 1 单价 + 调料 2 用量 × 调料 2 单价 +…+ 调料 $N$ 用量 × 调料 $N$ 单价）÷（调料 1 用量 + 调料 2 用量 +…+ 调料 $N$ 用量）

### 2. 平均成本核算法

平均调料成本核算方法是指批量生产产品的单位调料成本，一般适用于使用量难以统一的调料。首先需要用容器估量法或体积估量法算出整个产品中各种调料的总用量及其成本，其次再用调料的总成本除以产品总质量。其计算公式为：

平均调料成本 =（调料总成本 ÷ 调料总用量）÷ 产品总质量

## 三、餐饮产品成本核算方法

餐饮产品成本是指在毛料采购、初加工、再加工、成品这一系列过程中，所用到的主料、辅料、调料等的成本总值。其计算公式为：

餐饮产品成本 = 主料成本 + 辅料成本 + 调料成本

## 学习单元 2　餐饮产品定价方法

### 一、影响餐饮产品定价的内部因素

影响餐饮产品定价的内部因素是指餐饮企业在定价时自己有能力控制的因素，如成本和费用、餐饮产品工艺等。

#### 1. 餐饮产品的成本和费用

餐饮产品的成本和费用是影响餐饮产品定价的最基本因素，任何餐饮企业都是以营利为目的的，餐饮产品的定价必须高于餐饮产品的成本和费用。在餐饮企业的实际经营活动中，餐饮企业的固定成本和变动成本在总的成本和费用中占较大比例，不同的成本结构对企业的营业收入和利润有较大影响。固定成本所占比例较大的餐饮企业，其利润增幅会较大；反之，变动成本所占比例较大的餐饮企业，其利润增幅则较小。一般情况下，菜品和酒水成本占总成本的 45%，燃料和物料成本占总成本的 5%，低值易耗品摊销占总成本的 5%，人工成本占总成本的 30%，水电费用占总成本的 3%，企业管理费占总成本的 3%，营业税占总成本的 5%，其他费用支出占总成本的 4%。

#### 2. 餐饮产品品质

餐饮产品是餐饮企业定价的基础，高品质的餐饮产品能不断地吸引宾客前来消费。餐饮产品的品质主要与餐饮企业的地理位置、设备设施、服务水平、品牌形象和产品价格五个因素密切相关。良好的地理位置、较大的停车场地、周围优良的环境是吸引宾客前来光顾的原因。反之，如果餐饮企业的设备设施老化陈旧，不仅会降低企业的整体形象，更会影响餐饮产品品质。要有完善的服务内容、优质的服务方式、良好的服务态度、较高的服务效率，这样才能大大提高宾客用餐的满意度。餐饮企业的形象需要宣传，更需要得到宾客的认可，由此才能在宾客中树立良好的口碑，而良好形象的树立需要餐饮企业各部门、每个员工的共同努力。价格一方面是餐饮产品品质的体现，另一方面将影响宾客对餐饮企业及其产品的期望值和满意度。

### 3. 餐饮产品工艺

原材料成本相同的餐饮产品，因为在原材料加工的过程中需要经过复杂程度不同的工艺，导致其价格未必一致。工艺越复杂的餐饮产品其价格越高；反之，其价格相对会较低。

### 4. 餐饮企业档次

餐饮产品的价格除了受到原材料成本、人工成本、燃料成本等因素影响外，餐饮企业的环境也会影响餐饮产品的价格。同样的餐饮产品，在较高档次的餐厅里的价格会相对高于较低档次的餐厅。一份蚝油生菜，在普通餐馆里的定价可能为20元，而在一家五星级酒店中的定价可能会达到38元。

### 5. 餐饮企业人力资源状况

餐饮企业的人力资源状况对其经营费用有较大的影响。如果一家餐饮企业只用较少的员工便可以提供较高水平的服务，那么它的餐饮产品成本便会降低，其餐饮产品的定价也会有所变化。相反，如果一家餐饮企业的员工多数为缺乏经验的实习生，导致总体服务水平较低，若再招聘一部分经验丰富的员工，则会导致人力资源成本增加，餐饮产品定价也会随之升高。

### 6. 餐饮企业经营水平

餐饮企业经营水平的不同会导致餐饮产品的定价不同。规模较大的餐饮企业一般对原材料的需求量较大，有利于和供应商进行价格谈判，从而以较低的进价实现单位成本的降低。经营水平良好的餐饮企业在运营管理的过程中能最大限度地减少浪费，提高原材料的使用率，降低产品成本，进而降低餐饮产品的价格。

## 二、影响餐饮产品定价的外部因素

影响餐饮产品定价的外部因素是指餐饮企业无法控制的、但对定价有较大影响的因素，如市场需求、竞争、市场发展情况和环境等。

1. 市场需求

现代市场营销学认为，企业要实现收入和盈利必须先满足市场需求，所以餐饮企业为了实现自己的经营目标，必须先充分了解餐饮市场的需求状况，再对餐饮产品进行定价。随着时代的变化，人们对餐饮产品的需求也不断变化，餐饮市场呈现出更加复杂和不稳定的特征。面对这样的现状，餐饮企业必须不定期地进行餐饮市场调查研究，对调查结果进行全方位的分析，掌握市场需求的动态变化规律，进而采取灵活的价格策略，吸引宾客，扩大市场份额。

2. 竞争

目前我国餐饮产业呈现出市场饱和、竞争加剧的状态，各大餐饮企业纷纷从产品特色、个性化服务、美食节等活动、价格等各方面发力以吸引消费者，增强自身市场竞争力。对于各大餐饮企业，尤其是档次相近的餐饮企业来说，价格是影响其竞争力的重要因素。过高的价格定位会将一部分消费群体拒之门外，过低的价格对企业的长期发展不利，甚至导致企业入不敷出，持续亏损。所以，餐饮企业在制定价格策略时必须考虑竞争因素。

3. 市场发展情况

根据产品生命周期理论，产品在市场中的生命周期一般要经历兴起、成长、成熟、衰退四个阶段，处于不同阶段的产品在市场中有着不同的地位和作用，需要采取不同的价格策略。当餐饮业处于成熟阶段时，市场需求已经基本被满足，各餐饮企业之间的竞争达到白热化，彼此抢占市场份额。这时，餐饮企业就应该以餐饮产品和服务的不断创新及价格的降低作为竞争策略，从而争取更高的市场占有率。

4. 环境

外部环境因素是指餐饮企业经营活动所处的社会经济环境以及其中的不可控因素。国家为餐饮企业在餐饮价格、食品卫生、市场竞争、行业结构等方面构筑的法律、法规环境，由餐饮消费者的价值观、行为方式、生活习惯、传统文化和习俗等构成的社会文化环境，餐饮行业目前所处的发展阶段、发展趋势、产业结构等经济技术环境，由对餐饮企业产生竞争威胁的现实竞争者和潜在竞争者等所形成的市场竞争环境以及气候、季节、自然资源等自然地理环境，以上诸多外部环境餐饮企业都必须认真分析，识别自己在外部环境中所处的位置，然后制定出相对适合、具有较强竞争力的价格策略，从而保证自身的竞争优势。

5. 本地消费者生活水平

餐饮企业的价格水平与当地消费者的生活水平密切相关。一般来说，当地消费者的生活水平越高，餐饮企业的餐饮产品定价也会越高；如果餐饮产品定价较低，说明当地消费者的生活水平也相应较低。同样的一道京酱肉丝菜品，在北京某饭店的价格会高于在三、四线城市中同样规格饭店的价格，而且往往还会存在菜量上的差异。

6. 气候

人们往往有这样的感受：天气太热或太冷时，一般不愿意亲自下厨做饭，尤其在夏天，人们往往喜欢出去吃晚饭和夜宵，这说明气候对餐饮消费习惯有着较大的影响。不同的菜品在不同的季节销售价格也有所不同，例如，在炎热的夏天，人们喜欢清凉消暑、降温降火的菜品，这些菜品的价格会高于其在冬天的价格；在寒冷的冬天，人们喜欢吃一些暖胃暖身的菜品，比如滋补火锅、秘制砂锅等，这些菜品的价格则会高于其在夏季的价格。一般情况下，菜品在适宜的季节比在不适宜的季节销售价格高10%～20%。

7. 消费者心理价位

餐饮企业的定价受到市场中目标消费者消费水平的影响。目标消费者消费水平越高，餐饮产品的定价也会越高，较高的定价是消费者社会地位和经济收入的反映。但对于消费水平较低的目标消费者来说，餐饮产品定价如果较高，便会导致这部分目标消费者流失，并给餐饮企业带来收入损失。从长期来看，餐饮企业很容易进入消费者不断减少的恶性循环中。所以，餐饮企业在进行产品定价时，必须结合目标消费者的心理价位，进行合理定价。

## 三、餐饮产品毛利率定价法

1. 餐饮产品毛利率

餐饮产品毛利是指餐饮产品总收入减去餐饮产品所消耗的主料、辅料、调料等原料成本和餐饮产品制成所耗费的劳动力成本后的收入。餐饮产品毛利率就是餐饮产品毛利与成本或销售之间的比率，所以分成了成本毛利率和销售毛利率。其计算公式为：

（1）成本毛利率 =（产品毛利 ÷ 产品成本）×100%

（2）销售毛利率 =（产品毛利 ÷ 产品售价）×100%

### 2. 毛利加和定价法

这种方法是指在餐饮产品成本的基础上加上一定的毛利作为餐饮产品的销售价格。这种方法的优点是计算简单，较容易获得预期的毛利。但是在实际计算中，不能将所有的餐饮产品都加上同样的毛利，这样会使成本高的菜价格偏低、成本低的菜价格偏高，从而影响企业的正常经营和利润总额，所以需要给不同的餐饮产品加上不同的毛利，以弥补这种定价方法的缺陷。

### 3. 提高餐饮产品毛利率的方法

（1）塑造良好品牌和特色形象，提高宾客的心理价位预期

通过提高产品质量和服务水平，塑造良好的品牌和口碑，增强餐饮产品的高品质效应，吸引高档消费群体，用好的质量和优质的服务提高毛利率。通过打造特色产品和个性化服务，把握目前消费市场的消费需求，满足越来越多宾客的个性化需求，吸引个性化消费群体，从而提高餐饮产品的毛利率。

（2）餐饮产品成本控制

餐饮产品成本控制需要在保证餐饮产品质量的前提下，通过拓宽进货渠道、降低进货价格、提高餐饮企业对供应商的定价议价权、增强采购能力等方法降低餐饮产品的成本，提高餐饮产品毛利率。同时，切忌盲目追求减少餐饮产品成本，从而降低对餐饮产品原材料质量的要求。

（3）餐饮产品运营过程控制

餐饮产品的运营过程包括从原材料到餐饮产品服务这个过程中的一系列步骤。通过控制和管理加工过程，收集和利用现有的销售数据，科学合理地搭配产品，开发新的特色菜品，与周边餐饮企业形成差异化。同时，减少浪费是提高毛利的重要手段，必须从流程和操作上减少浪费，从而从整体上提高餐饮产品的毛利率水平。

# 课程 3-2　服务质量管理

## 学习内容

| 学习单元 | 课程内容 | 培训建议 | 课堂学时 |
| --- | --- | --- | --- |
| （1）餐饮服务各阶段菜品质量的控制 | 1）餐前准备<br>2）点、配菜品<br>3）传菜<br>4）上菜、分菜<br>5）撤盘<br>6）宾客建议反馈 | （1）方法：讲授法、案例教学法、讨论法<br>（2）重点与难点：餐饮服务各阶段菜品质量的控制 | 2 |
| （2）菜品质量问题及处理 | 1）常见菜品质量问题<br>2）常见菜品质量问题的处理 | （1）方法：讲授法、案例教学法、讨论法<br>（2）重点与难点：菜品质量问题的妥善处理 | 1 |
| （3）常见餐饮服务态度问题及处理 | 1）职业认知与心态不正确<br>2）基本素质和业务能力不足<br>3）沟通技巧欠缺<br>4）其他问题 | （1）方法：讲授法、案例教学法、讨论法<br>（2）重点与难点：服务态度问题的妥善处理 | 2 |
| （4）餐厅服务考核标准的制定 | 1）餐厅服务考核标准的内容<br>2）考核标准制定方法 | （1）方法：讲授法、项目教学法<br>（2）重点与难点：考核标准的制定方法 | 3 |

# 学习单元 1　餐饮服务各阶段菜品质量的控制

## 一、餐前准备

1. 准备好公筷、公勺、酱油、香醋和备用餐具，保证在宾客用餐的过程中能够及时补充。

2. 根据宾客所点菜品准备相应的用餐工具，有些菜品的食用需要借助一定的器具，否则宾客食用起来会不雅观或不方便。

3. 保证餐厅环境没有异味，餐具干净、整洁，因为空气中的异味和餐具不洁净都会严重影响菜品的品质。

## 二、点、配菜品

1. 与宾客沟通并了解其口味和需求，为宾客推荐符合其要求的菜品，并介绍菜品的原材料和口味，以免宾客点到忌口的菜品。

2. 在满足宾客需求的基础上，协助宾客点菜，使所点菜品荤素搭配、冷热搭配、色彩和谐，口味丰富，尽量满足每一位宾客的要求。

3. 根据宾客数量，向宾客建议点菜的数量，包括冷菜的数量、热菜的数量、主食的数量等。

## 三、传菜

1. 传菜员要注意菜品的完整性，例如，炸、蒸、白灼的菜品一般配有相应的作料，在传菜的时候不要忘记作料。

2. 传菜员负责的菜品通常对应一桌以上的宾客，必须保证所传菜品与餐桌相对应，避免发生菜品上错桌的情况。

3. 传菜员在传菜的过程中要保证菜品不受污染，保证菜品干净、卫生，保证传菜速度，尤其是拔丝类等菜品，需保证菜品及时上桌，以免错过最佳食用时间。

4. 传菜员要做好厨师与服务员之间在菜品上的衔接工作，包括传递上菜注意事项和宾客食用注意事项等信息，尤其是一些特殊类菜品更需注意。

## 四、上菜、分菜

1. 服务员上菜前要先将与菜品搭配的作料和工具摆上桌，再将菜品上桌，有公筷和公勺的要和菜品一起上桌。

2. 服务员要把握好上菜速度，以免影响菜品口感，有时为了保证和延长食用时间，还需要添加辅助材料。

3. 如果是需要分菜的菜品，则需要先上桌向宾客进行展示，再询问宾客是否需要分菜，分菜时注意菜品的整体美和分菜后的组合效果。

4. 菜品上桌时，要注意菜品的摆放位置和朝向，要向宾客报菜名甚至介绍菜品。

5. 上菜前检查菜品质量，牢记传菜员告知的注意事项，做好上菜前的准备工作。

## 五、撤盘

1. 当餐桌上有菜品食用完毕时，要及时撤盘。

2. 当餐桌上菜品较多时，经宾客同意可把剩下较少菜量的菜品先撤下，换成小盘后再上桌。

3. 撤盘一般有以下几个时机：冷热菜交替时、荤素菜交替时、甜点水果交替时、有较浓厚汤汁菜品食用完毕后等。

4. 当发现菜品有问题时要及时撤盘。

## 六、宾客建议反馈

1. 根据宾客用餐氛围，在用餐过程中或用餐结束时，询问宾客对菜品的意见和建议。

2. 面对宾客对菜品的赞扬，要及时表达对宾客的谢意，并承诺会继续努力。

3. 面对宾客对菜品的批评时，首先表达对宾客的歉意，感谢并记录宾客对菜品的意见和建议，表达对宾客再次光临的期待。

4. 宾客面对问题菜品要求更换或退掉菜品时，服务员要表达歉意，并及时和厨师长沟通。

# 学习单元 2　菜品质量问题及处理

## 一、常见菜品质量问题

### 1. 菜品中有异物

菜品上桌前的很多环节都可能混入异物，例如，洗菜、炒菜、传菜、上菜等过程中都有可能混入异物，尤其是在天气较为炎热、蚊虫等容易滋生的季节。

### 2. 菜品火候有误

菜品火候是保证菜品质量的基础，火候过大易造成菜品口感过老，火候不足易造成菜品生硬不熟，这样会直接导致菜品质量的下降，引起宾客的不满情绪。

### 3. 菜品调味有误

菜品调味极大地影响着菜品的口味，调料用量过大则口味过重，例如，菜品过咸难以下咽，或本来是微辣的菜品做成重辣等；调料用量过小则口味不足，让宾客感觉菜品食之无味。

### 4. 菜品原材料问题

蔬菜、海鲜等生鲜原材料在采购的过程中出现了不新鲜的情况，腌制品等半成品没有严格按照要求进行保存而变质或发霉。相比于菜品火候和调味问题，原材料出现问题不仅会影响菜品质量，还存在食物中毒的安全隐患。

### 5. 菜品汤汁洒出

菜品汤汁洒出，不仅会影响菜品的美观，而且会导致菜品分量不足，引起宾客的不满。

## 二、常见菜品质量问题的处理

### 1. 问题菜品不上桌

菜品在上桌之前被发现不在菜单内、菜品有异物、菜品不新鲜等问题，服务员应停止问题菜品上桌，保证其他无问题菜品正常上桌，并立即反馈给厨师长，及时更换菜品以免引起宾客的疑惑和不满。若宾客问及菜品为何迟迟不上，服务员应及时向宾客进行解释，说明菜品已经在做，为了获得最佳的口感用时稍长，希望宾客耐心等待。

### 2. 真诚致歉

菜品上桌后，当宾客反映菜品有任何问题时，服务员都应立即向宾客致歉。宾客是酒店的“上帝”，无论宾客对菜品有何质疑，服务员都要首先向宾客道歉，然后认真、耐心地询问宾客关于菜品的问题。如宾客所反映的问题属实，服务员应在个人权限范围内，为宾客提出相应的解决方法。如菜品不存在质量问题，只是菜品口味不适合宾客时，服务员应委婉地向宾客进行解释，并介绍菜品的独特之处。

### 3. 撤换菜品

如果遇到问题菜品，服务员可以建议为宾客进行撤换，并征求宾客意见。例如，当宾客反映菜品变质有异味、不新鲜等，服务员可以提出为宾客重新做一份，如果宾客不想要同样的菜品，可以建议宾客换一道同等价位的其他菜品，或者建议宾客退掉问题菜品。当宾客采纳了服务员的建议后，服务员应对宾客的理解和宽容表示感谢。

### 4. 打折、送小礼物或免单

当菜品出现问题被宾客投诉时，服务员一般要在征询宾客意见后为其撤换菜品。此外，为了维护酒店的形象，避免宾客流失的情况发生，酒店一般会通过超额补偿的行为，弥补宾客心理上的不平衡，以得到宾客的认可。酒店常做的超额补偿行为包括赠送宾客小礼物、为菜品打折甚至免单等，超额补偿一般需要征询酒店高层管理人员的同意。

### 5. 向上级主管报告

无论在服务过程中遇到何种问题，服务员都应在服务结束后向上级主管反映事情发生的经过和处理方式。若出现的问题是服务员不能处理或超出服务员处理权限的，服务员应立即向上级主管反映，争取以最快速度请上级主管进行处理。同时，这种处理方式也能满足宾客被尊重和被重视的心理需要。

## 学习单元 3　常见餐饮服务态度问题及处理

### 一、职业认知与心态不正确

餐饮服务中出现的态度问题归根结底是职业认知和服务意识上的问题。服务员只有正确认识自己的职业，提高自身的服务意识，才能从心理上处理好与宾客之间服务与被服务的关系。

#### 1. 服务角色意识

服务员必须树立高度的服务自觉性意识，有“随时随地都可以提供服务”“随时随地都有宾客需要被服务”的意识。具有良好服务角色意识的服务员，能够在服务的时候处于最佳的精神状态，能够发现潜在的问题并及时、到位地为宾客解决问题，对已经发生的问题和突发情况能够按照服务程序采取规范化的解决方式，在遇到特殊情况时能够提供细心和个性化的超常服务，以特殊处理方式处理特殊情况。

#### 2. 宾客至上的心态

宾客至上的服务理念要求服务员把宾客放在首位，一切为宾客着想，让宾客满意。当宾客的需求正确、合理时，服务员要无条件地予以满足，以最优质的服务达到宾客的要求。如宾客的需求不合理或过分时，服务员同样要以宽容的态度承认目前确实无法满足宾客的要求，向宾客道歉并希望得到宾客的理解。

### 二、基本素质和业务能力不足

优质的服务需要良好的基本素质和较强的业务能力做保障，餐饮服务员的基本素质涉及社会公德、职业道德和个人品质等多个方面。餐饮服务程序复杂、规格多样、标准严格，要成为优秀的服务员，就需要经过长时间的学习和严格的训练。

1. 培养基本素质

服务员需要遵守国家法律、法规和道德规范要求，正确处理集体和个人之间的关系。为了餐厅能够良好经营、稳健发展，服务员需要团结协作，互相支持、配合，营造一个良好的工作环境。服务员对待宾客要友好礼貌、热情真诚、平等公道，这是最能体现餐饮行业特色、体现服务员职业精神的行为。

2. 提升业务能力

餐饮服务员需要具备过硬的业务能力和多样的专业操作技能，包括托盘、摆台、斟酒、上菜、分菜、撤盘等；需要不断地学习，丰富自身的文化知识积累，掌握烹饪知识、营养学知识、心理学知识、营销学知识、民族民俗知识等；需要注重服务礼节的培养、服务态度的提升和服务效率的提高，需要注意在与宾客接触过程中的礼节，包括仪表礼节、问候礼节、称呼礼节、迎送礼节、操作礼节等，以为宾客提供主动、热情、耐心和快捷的服务。

## 三、沟通技巧欠缺

沟通技巧是每一名服务员都应该掌握和不断提升的，良好的沟通能力有利于服务员较快地建立与宾客之间的友好关系，有利于处理与宾客之间发生的误会与矛盾，有利于在宾客心中树立酒店的良好形象。餐饮服务对服务员的沟通技巧有着较高的要求，倾听是服务员要掌握的首要沟通技巧，只有认真、耐心地倾听宾客说话，才能让宾客感受到服务员对他的重视，也才能听懂宾客的真实需求和目的；在沟通中服务员要注意与宾客交流的用词用语、语调语气、眼神态度和动作手势等，多给予宾客微笑和赞美；服务员要设身处地地为宾客着想，积极回应宾客，控制好自己的情绪。同时，端庄的仪容和整洁的仪表有助于服务员在宾客心中留下良好的印象，是服务员沟通技巧的外在表现。

## 四、其他问题

服务员在日常服务过程中会遇到各种各样的宾客，如醉酒的宾客、脾气暴躁的宾客、苛刻的宾客，甚至有冒犯想法的宾客，此时服务员需要不断地调整自己的心态及选择适当的处理方式。服务员在自己的生活中也会发生各种状况，这虽与工作无关但是依然会影响服务时的心情，这要求服务员具有保持最佳心理状态的能力。此外，服务员的工作比较辛苦，有时需要长时间的站立和服务，所以要求服务员吃苦耐劳，具有良好的身体素质。

# 学习单元 4　餐厅服务考核标准的制定

## 一、餐厅服务考核标准的内容

餐厅服务考核标准的内容主要包括点菜服务、上菜服务、餐间服务、餐后服务四个部分（见表 3–2–1）。

表 3–2–1　餐厅服务考核标准

| 考核模块 | 考核内容 | 技能考核 | 考核细目 |
| --- | --- | --- | --- |
| 1. 点菜服务 | 1–1　点菜品 | 能根据宾客需求点菜品 | （1）为宾客点菜品<br>（2）使用点菜机 |
| | 1–2　点酒水 | 能根据宾客需求点酒水 | 为宾客点酒水 |
| 2. 上菜服务 | 上菜服务 | 2–1–1　能传菜 | （1）传菜准备<br>（2）检查订单和菜品<br>（3）传送菜品 |
| | | 2–1–2　能定位上菜 | （1）确定零点上菜位置<br>（2）确定宴会上菜位置 |
| | | 2–1–3　能按顺序上菜 | （1）按顺序上菜<br>（2）正确摆放 |
| | | 2–1–4　能报菜名 | （1）报菜名<br>（2）介绍菜品 |

续表

| 考核模块 | 考核内容 | 技能考核 | 考核细目 |
|---|---|---|---|
| 2. 上菜服务 | 上菜服务 | 2-1-5　能进行特殊菜品上菜 | （1）上原盅炖品菜<br>（2）上有响声菜<br>（3）上搭配作料菜<br>（4）上拔丝类菜<br>（5）上泥包、纸包、荷叶包菜<br>（6）上带酒精炉菜 |
| 3. 餐间服务 | 3-1　酒水服务 | 3-1-1　能根据酒水选用酒杯 | （1）选择白酒杯<br>（2）选择啤酒杯<br>（3）选择饮料杯 |
| | | 3-1-2　能开启各类酒水 | （1）开启白酒<br>（2）开启啤酒<br>（3）开启饮料 |
| | | 3-1-3　能徒手斟酒水 | （1）徒手斟白酒<br>（2）徒手斟啤酒<br>（3）徒手斟饮料 |
| | 3-2　撤换餐用具 | 3-2-1　能撤换餐具 | （1）撤换食具<br>（2）撤换酒具<br>（3）撤换茶具 |
| | | 3-2-2　能撤换用具 | （1）撤筷套等<br>（2）撤换小毛巾等 |
| 4. 餐后服务 | 4-1　送客服务 | 4-1-1　能礼貌送客 | （1）餐后打包<br>（2）送客<br>（3）餐后餐厅检查 |
| | 4-2　清理餐桌 | 4-2-1　能按顺序收台 | 按顺序收台 |
| | | 4-2-2　能清洁台面 | （1）擦拭台面<br>（2）消毒台面 |

## 二、考核标准制定方法

餐厅考核标准一般按照服务的不同阶段制定。如餐厅的中西餐零点服务、中西餐宴会服务、自助餐服务、客房送餐服务等，都可以分为餐前服务、餐间服务和餐后服务三大部分，这也是餐厅服务员工作的重要内容和核心内容。三个部分之间有着明确的工作差异，能够对服务人员进行明确分工，使责任明确，并推动服务的顺利展开。

# 课程 3-3　营销管理

## 学习内容

| 学习单元 | 课程内容 | 培训建议 | 课堂学时 |
| --- | --- | --- | --- |
| （1）餐饮营销的概念和特点 | 1）餐饮营销的概念<br>2）餐饮营销的特点 | （1）方法：讲授法<br>（2）重点与难点：树立全员营销意识 | 1 |
| （2）餐饮营销的手段 | 1）品牌营销<br>2）公关营销<br>3）广告营销<br>4）主题活动营销 | （1）方法：讲授法、案例教学法<br>（2）重点与难点：主题活动营销 | 1 |
| （3）餐厅主题活动营销方案的制定 | 1）明确活动目的<br>2）突出活动主题<br>3）准确定位宾客需求<br>4）选择活动营销手段 | （1）方法：项目教学法<br>（2）重点与难点：餐厅主题活动营销方案的制定 | 3 |

# 学习单元 1　餐饮营销的概念和特点

## 一、餐饮营销的概念

餐饮营销是以宾客需求为出发点和以宾客满意度为归宿，为实现餐饮经营目标而实施的一系列有组织、有计划的社会性交换活动。其中，餐饮营销要以市场需求为核心内容，其各环节和各层次的工作都要围绕餐饮市场进行，并通过餐饮产品和餐饮服务的社会性交换活动实现餐饮经营的目标。同时，餐饮营销与餐饮销售不同，它是一个完整的过程，贯穿于餐饮日常活动中，是餐饮企业经营管理的核心。

## 二、餐饮营销的特点

### 1. 有形与无形的统一

餐饮业是服务业的分支，越来越多的宾客在进行餐饮消费时，不仅满足于品尝到美味的食物，而且希望服务人员为他们提供全面、细致、贴心甚至个性化的服务。所以，餐饮营销需根据宾客需求的变化，在对菜品和酒水等有形商品进行多样化营销的同时，还应加强对无形服务的营销力度，实现有形与无形双重营销的统一。

### 2. 兼顾内外

传统的营销一般将现实宾客和潜在宾客作为主要营销对象，两种营销对象都属于餐饮企业的对外营销。现在更多的企业认识到内部营销的重要性，即把内部员工作为宾客进行营销，培养和发展内部员工，让员工对企业有强烈的认同感、对宾客有良好的服务意识。

### 3. 连续性、针对性和一致性

对于宾客来说，餐饮企业的营销贯穿于宾客从潜在宾客到现实宾客再到潜在宾客这个无限循环的过程中；对于企业来说，营销活动伴随着餐饮企业的诞生和成长，是一个连续的、不间断的过程。针对性即餐饮企业要根据自己的经营内容和方式确定细分市场，有针对性地选择营销方式进行营销，提高销售效率。一致性是指餐饮企业的营销在时间上要保持前后一致，不能随意更改营销对象，以免给餐饮企业的经营带来不稳定性。

### 4. 全员营销

餐饮营销不仅是餐饮销售部门的事情，餐饮销售部门只是餐饮营销的主要运作部门，餐饮企业的营销离不开所有部门和所有员工的支持和付出。同时，餐饮企业的所有员工都应该是餐饮营销团队的一部分，有责任和义务参与到餐饮营销的活动中来。

餐饮企业应培养全员参与营销的意识。

# 学习单元 2 餐饮营销的手段

## 一、品牌营销

### 1. 品牌营销的含义

品牌营销是指餐饮企业通过辨识和预测宾客需要，利用餐饮产品质量、餐饮文化等独特性因素，构建宾客对餐饮企业品牌和产品的认知，最终实现满足宾客需求和确保餐饮品牌处于市场优势地位的目标。

### 2. 品牌营销的方法

（1）品牌差异化营销

餐饮品牌的差异化可以表现为餐饮品牌定位的差异化，在服务项目、服务方式和附加服务等方面的差异化，餐饮产品在名称、内容和包装等方面的差异化，品牌差异化营销方法也要从这些方面出发。

（2）品牌人性化营销

传统的售后服务是解决宾客发现或主动提出的问题，目前已经无法满足宾客的需求。餐饮企业应开展更加人性化的餐饮品牌营销，这需要企业走近宾客，与宾客面对面沟通，主动提供餐饮附加服务和增值服务，让宾客感受到突如其来的惊喜，从而认可企业的产品和服务。

（3）品牌参与性营销

传统的品牌营销以餐饮企业为主体，宾客的参与性较低。餐饮品牌的营销可以在传统营销的基础上，从宾客角度出发，增强宾客参与的互动性、趣味性和娱乐性，从而提高宾客对品牌的认可度。

## 二、公关营销

### 1. 公关营销的含义

公关营销即公共关系营销，餐饮企业的公关营销是指餐饮企业利用公共关系的手段和技巧，建立及促进餐饮企业的餐饮产品与宾客餐饮消费之间的双向交流，通过良好的产品和服务等树立企业形象，促进餐饮企业销售。

### 2. 公关营销方法

（1）调节供求关系

由于餐饮企业的产品不能被运输和储存，因而导致餐饮产品供求不均衡，为了能够更好地均衡供给，餐饮企业可以通过实行差别定价、非高峰期服务、高峰期辅助服务和预售服务等来加强对服务需求的管理。餐饮企业可调整餐饮产品服务的时间和地点，高峰期仅提供主要餐饮产品和服务，以及通过雇用临时工、增强宾客参与度、加强企业职工交叉训练等来加强对服务供给的管理。

（2）调整价格策略

成功的企业营销必然有一套适当的价格策略，并确定合理的定价目标和定价方法。餐饮企业可以将刺激餐饮需求、灵活调整餐饮产品的时间需求、以销促销作为主要定价目标，将声望定价和分级定价等作为餐饮定价的主要方法。

（3）加强餐饮质量管理

餐饮产品与服务是餐饮营销成功与否的重要影响因素，为了保证营销达到理想的效果，餐饮企业需要建立标准化的服务程序和规范，加强对服务人员的选拔和培训，搭建企业与宾客之间良好的沟通渠道，采用先进的科技手段提供服务等。

（4）重视宣传和传播

任何公关营销都是为了提高餐饮企业在市场中的知名度，任何公关营销方法的实现都需要餐饮企业的大力宣传。餐饮企业可以通过大众传播媒介、个别传播媒介和口碑传播等传播方式，对产品和服务、企业形象等进行宣传，从而提高企业知名度。

（5）地理位置策略

餐饮企业的地理位置包括餐饮企业所在的地域、地区和地点，分别对应餐饮企业所在市区商圈、繁华街区和店铺地点。餐饮企业应按照地域—地区—地点的顺序，在保证其他条件相近的情况下，选择距离目标市场最近的地方开展营销。

## 三、广告营销

### 1. 广告营销的含义

广告营销是通过购买电视、电台、杂志等宣传媒介的时间或空间，向公众或特定的餐饮市场中的潜在宾客进行宣传的营销。

### 2. 广告营销的方法

（1）电子类广告营销

电子类广告营销是现代广告营销方法，具有传播速度快、覆盖面广、表现手段丰富多样、情感感染力强的特点。例如，电视广告、互联网广告、电影广告、广播广告、电子显示屏幕广告、霓虹灯广告，以及微信、微博、各大 APP（Application，应用）和各类自媒体等。

（2）印刷类广告营销

印刷类广告是传统的广告营销方法，包括报纸广告、杂志广告、传单广告、图书广告、挂历广告等。其具有较低成本和较强选择性的优点，但其传播速度较慢、传播范围小，可用于美食节活动、餐饮优惠、餐厅开业等的宣传。

（3）实体广告营销

实体广告通常放置于人流量较多的闹市或交通要道，长时间展示可以带来较高的认知率和接触率，给人以既视感和真实感。但实体广告营销的内容要简单明了，注意时间一般控制在 5 s 以内。实体广告有实物广告、店面广告、彩旗广告、赠品广告等。

## 四、主题活动营销

### 1. 主题活动营销的含义

主题活动营销是指餐饮企业在进行市场调查和分析的基础上，围绕某一主题采取合适的活动方式，可对目标市场产生较大吸引力，能将餐饮企业的产品和服务信息传递给目标市场，从而实现餐饮企业销售目的。

### 2. 主题活动营销方法

（1）节日主题活动营销

选择节日作为主题开展营销活动，这种方法较易被目标市场接受，但是节日主题活动营销时间较短。目前餐饮企业在节日主题上所做的营销活动较为成熟，无论国内还是国外的节日都得到了很好的发掘，较常见的节日主题有情人节、中秋节、端午节、圣诞节、春节等，还有部分餐饮企业将主题扩展到教师节、儿童节、母亲节、父亲节等节日。

（2）美食主题活动营销

美食主题活动可以是选择一种或几种原料作为主题，也可以将其他国家的菜品作为主题，要求主题突出、特色明显、菜品丰富多样。例如，餐饮企业可举办巧克力主题、寿司主题、啤酒主题、榴梿主题等美食活动东南亚美食节、巴西美食节、法国美食节、西安美食节等活动。

（3）特色文化主题活动营销

特色文化包括不同地区、不同民族的文化，涵盖了饮食、服饰、节庆、音乐、舞蹈等多个方面，对其他地区或民族具有较强吸引力，餐饮企业在特色文化上可以加强研究与发掘，如回族文化主题、满族文化主题、客家文化主题、草裙舞主题、钢琴主题、民族乐器主题等。

# 学习单元 3　餐厅主题活动营销方案的制定

## 一、明确活动目的

餐厅主题活动的营销方案要以活动目的为出发点，一切活动主题和营销方法都是为了活动目的的实现，同时活动目的要具有可实现性和一定的挑战性。餐饮企业的活动目的一般包括增加餐饮企业的销售额、提高餐饮企业的知名度、提高餐饮企业的市场占有率等。例如，情人节来临之际，西餐厅通常会以此为主题进行活动营销，而此类主题活动营销的目的可以是提高西餐厅的销售额，让更多的宾客知道及光顾西餐厅，为西餐厅做一次浪漫的宣传并带动其他部门的销售额等。

## 二、突出活动主题

活动主题是吸引目标市场的宣传点，是实现活动目的的外在途径，也是餐饮企业活动的核心。鲜明的活动主题较容易被目标市场感知和接受，在较短时间内激发目标市场的兴趣并使宾客产生参与活动的动机。餐饮企业为了实现活动目的就必须通过活动形式吸引宾客并满足其精神和物质需求，突出活动主题，可以最快的速度满足宾客需求，让宾客更快、更多地完成消费。活动主题明确突出可以更好地统筹整个活动，包括活动场地布置、环境布置、餐用具选用、灯光和音乐背景选取等，有利于提高餐饮企业主题活动的营销效果。

## 三、准确定位宾客需求

宾客是餐饮企业主题活动营销的目标，宾客需求是餐饮企业主题活动营销的内容，宾客需求定位准确是主题活动营销成功的关键。餐饮企业应准确定位宾客需求，提前做好市场调研工作，对市场调研结果进行描述和分析，判断及划分细分市场，并进行各细分市场特点的分析，从而选择与餐饮企业主题活动相符合的目标市场，最终正确预测宾客需求。

## 四、选择活动营销手段

首先，要以宾客需求为导向，包括消费者等外部宾客和企业内部员工等内部宾客的需求，选择容易被宾客接受和喜欢的活动营销手段，尽快获得宾客的认可，培养更多忠诚的内、外部宾客。其次，要考虑餐饮企业的现状，活动营销的手段需要建立在餐饮企业现实条件的基础上，超过餐饮企业现有条件的活动营销手段可能无法实施，过于简单的活动营销手段又可能很难满足宾客的需求。最后，避免采用市场上其他竞争者使用的活动营销手段，这样会给宾客留下缺乏新意、落入俗套的印象。所以餐饮营销手段必须在现有活动营销手段的基础上进行创新。

## 【案例】×× 餐厅颜如玉养颜系列美食节活动营销方案

颜如玉

——×× 餐厅养颜系列美食节营销方案

1. 活动目的。提高餐厅知名度和美誉度，实现经济和社会效益的最大化。

2. 活动主题。颜如玉——×× 餐厅养颜系列美食节。

3. 活动内容。以亲近自然、休闲娱乐、健康美容为内容。

4. 活动时间。2018 年 10 月 13 日—10 月 19 日（16:00—20:00）。

5. 价格。168 元 / 位。

6. 场景布置

（1）在草坪上布置桌椅、餐垫和两顶露营小帐篷，以供宾客就餐、休息。在草坪上布置大型自助餐台、一个小型长方形舞台、一面鲜花背景墙，墙上有本次美食节活动的标识和活动介绍。

（2）整个场地下午主要利用周边的风景来美化，晚上采用灯光来装饰。场地上方悬挂着无数只小灯，看起来像满天的星星。场地四周布置三个部分的立体帷幔，帷幔上面同样挂满小灯并拼成各种图案。餐桌上用烛光点缀，熠熠生辉，浪漫无比。

（3）草坪的入口处设置一座拱形花门，突出本次活动的主题。入口处摆放一个小型收银台，销售美食节餐券，提供打包养颜食品和其他产品售卖服务。

（4）与杭州有名的 ×× 美容店合作，由其在场地上搭建一个小而美的美容阁，并在美容阁前面设立一幅宣传画。

7. 颜如玉养颜特色菜品

（1）小吃。霜冻优格、烤酥脆薯条、美味凉拌荞麦面、窝夫、烤墨西哥脆片、土豆饼、无水无油蒸蛋糕、牙签肉、非油炸的健康薯片、小鸡（鸡肉串）、紫薯玫瑰、五色汤圆、银耳红枣糕排、玫瑰蜜枣、椰奶木瓜冻。

（2）饮料。鲜橙苹果汁、蜂蜜柠檬百香果水、蜂蜜绿茶、青瓜汁、蔓越莓苹果糖水、92 有机威龙红酒。

（3）沙拉。奇异果沙拉。

（4）汤类。冰糖银耳汤、五豆美容养颜汤、紫薯银耳汤、木瓜红枣炖雪蛤、冬瓜鸡汤、苹果红枣鸡汤、莲实美容汤、滋润养颜芦荟羹、养颜芡实羹、凤爪灵芝养颜汤、鱼肚汤、桃胶红枣木瓜玫瑰羹、百合荸荠雪梨羹、番茄牛肉羹。

（5）煲类。蹄花煲、山药杂豆鸡脚煲。

（6）粥类。乌发宝粥、小米黑糖粥、鲜奶燕麦粥、祛痘养颜薏米粥、紫米葡萄粥。

（7）主菜。水晶肘子、凉拌三耳、玉竹美容梨、杏仁豆腐、香辣美容猪蹄、蜜汁三宝、木瓜炖银耳、香芒蜜豆养颜捞、肉皮冻、糯米藕、黄瓜盅、桃胶水果捞、桂圆炖蛋、苦瓜鲜菇炒干、猪皮辣豆、红酒玫瑰炖梨。

（8）糕点。阿胶美容糕、红枣糕、椰汁糕、酸奶豆酥糕、红糖杏仁曲奇、燕麦葡萄饼干、免烤杧果芝士蛋糕。

8. 活动内容的策划与创意

（1）活动开、闭幕式

1）开幕式。歌舞秀，魔术秀，护肤达人分享，主办方及嘉宾致辞。

2）闭幕式。民谣歌曲，主办方及嘉宾致辞。

美食节期间每天都举办活动，并根据第一天的现场情况调整后面的活动。

（2）活动过程策划

进场后，服务员会在宾客手臂上绑上一根丝带，这根丝带和餐厅的三个游戏环节相关，宾客可以参加每日一次的评奖活动，奖项及奖品见表 3-3-1。具体活动内容和规则如下：

17:00　养颜知识小竞赛。由主持人（酒店工作人员）出题，邀请宾客上台回答，回答正确者可以获得餐厅赠送的美容养颜小礼物，并在丝带上盖章，参加评奖活动。

18:30　找不同。让宾客找不同，即场地上发生了什么变化。服务员偷偷在背景墙上画图画、在树上挂显眼的物件或主持人换了一个领结等，餐厅给发现变化的宾客赠送小礼品，并在丝带上盖章，参加评奖活动。

19:00　护肤美妆知识竞赛。回答正确者可获得美容店赠送的护肤美肤小礼物，并在丝带上盖章，参加评奖活动。

最后根据活动结束时宾客丝带上所盖章的数量来评奖，若丝带上所盖章的数量相同，再增加知识小竞赛题目，直到评出最后获奖者。

**表 3-3-1　奖项及奖品**

| 奖项 | 数量 | 奖品 |
|---|---|---|
| 一等奖 | 1 | 餐厅自助晚餐券 2 张 + 美容店美容卡 5 次 |
| 二等奖 | 2 | 餐厅自助午餐券 2 张 + 美容店美容卡 3 次 |
| 三等奖 | 3 | 餐厅自助午餐券 1 张 + 美容店美容卡 1 次 |

9. 人员分工

（1）餐饮部。负责菜单的制定，人员召集。

（2）前厅部。负责盆花摆放、伞具摆放、物品管理与推销。

（3）采购部。负责酒水饮料、食材采购。

（4）销售部。负责向宾客传递信息。

（5）宣传部。场地布置、打印美食节广告宣传页、酒店微信推送、制作指示牌和台卡、挂条幅、安排停车位、酒店门口放置带条幅的升空气球、调音响。

（6）安全部。负责保安巡视，保护在场宾客安全。

10. 收入及成本核算

营业额（预估）。150 位 ×168 元 / 位 ×7 天 =176 400 元。

美食节整体布置费用。30 000 元至 35 000 元。

奖品费用。5 000 元以内。

4

# 培训指导

- 课程 4-1　专业培训
- 课程 4-2　技能指导

# 课程设置

| 课程 | 学习单元 | 课堂学时 |
|---|---|---|
| 4-1　专业培训 | （1）培训教案的编写 | 2 |
| | （2）初、中、高级餐厅服务员培训 | 4 |
| 4-2　技能指导 | 对初、中、高级餐厅服务员进行技能指导 | 4 |

## 课程 4-1　专业培训

### 学习内容

| 学习单元 | 课程内容 | 培训建议 | 课堂学时 |
|---|---|---|---|
| （1）培训教案的编写 | 1）培训教案概述 | （1）方法：讲授法、案例教学法<br>（2）重点与难点：培训需求的分析、培训方法的正确运用与培训效果的评估 | 2 |
| | 2）培训教案的编写技巧 | | |
| （2）初、中、高级餐厅服务员培训 | 1）培训的相关知识 | （1）方法：讲授法、项目教学法<br>（2）重点与难点：培训过程及培训效果的评估、反馈 | 4 |
| | 2）餐厅服务群体培训与个别培训教学法 | | |
| | 3）餐厅服务培训课堂教学过程组织设计 | | |

# 学习单元 1　培训教案的编写

## 一、培训教案概述

培训教案是培训教师将所要培训的内容以课时为单位进行合理的划分，然后针对不同培训内容采用不同的教学方法和教学步骤，最终形成的具体教学方案。培训教案必须以被培训学生的实际情况为基础，以所要实现的培训效果为目的，设计科学合理的教学内容和教学过程，并选择合适的教学方法、教学设备、教学用具等。其中教学内容一般包括课题名称、总课题、分课题，分课题具体有分课题名称、课题类型、教学时间、教学目标、教学重点、教学难点、教学方法、教学内容、教学小结、作业和教学设计评价等。

## 二、培训教案的编写技巧

### 1. 确立培训的主题

培训教案需要根据餐厅服务员所要具备的素质和技能确定不同的培训主题。培训主题是培训教案的核心及对培训教案的高度总结，鲜明的培训主题可以让学员迅速获取培训信息，加深学员对培训内容的理解和记忆。餐厅服务员培训的主题可以分为以下几个。

（1）以餐饮产品为主题的培训

餐厅经营的产品以菜品和酒水为主，餐厅服务员要对本餐厅的菜品、酒水等有较充分的了解。

（2）以餐饮服务为主题的培训

餐饮服务是餐厅经营的无形产品，餐厅服务员在进行产品服务时，需严格按照服务标准，为宾客提供规范优质的服务。

（3）以餐饮企业促销或营销为主题的培训

每逢节假日或其他特殊日子，餐厅都会进行促销或营销活动，所以促销或营销活动也是餐厅服务员应知应会的重要内容。

（4）以餐饮企业文化为主题的培训

良好的企业文化是餐饮企业发展的内在动力，能带动员工的工作积极性。餐厅服务员要对餐饮企业有深刻的认同感，就必须接受企业的文化。

（5）以餐饮行业为主题的培训

行业培训主要拓宽餐厅服务员的视野，引导他们发现自身的不足，确立学习榜样和学习目标，提高学习动力。

### 2. 构思培训提纲

（1）以餐饮产品为主题的培训提纲

餐厅经营的产品以菜品和酒水为主，培训内容主要包括产品名称、原材料、烹饪方法、营养价值、风味特色、历史典故、审美性和艺术性等方面，尤其要培训服务员熟悉本餐厅的特色产品和新推产品等。

（2）以餐饮服务为主题的培训提纲

餐饮服务作为一种无形产品，具有较大的灵活性，在培训时要注重对餐厅服务员的服务礼仪和服务态度的培训。可以采用情景模拟的方法将培训内容演练出来，这样既是对服务员掌握培训内容程度的考核，也能加深其对培训内容的理解和体验。

（3）以餐饮企业促销或营销为主题的培训提纲

餐厅服务员经过培训要掌握如下内容：分析活动背景、明确活动目的、确定活动主题和形式、确定活动时间和地点、进行人员分配、布置活动现场、掌握促销和营销技巧、了解活动细节和注意事项、掌握常见问题的处理方法等。

（4）以餐饮企业文化为主题的培训提纲

餐厅服务员要接受餐饮企业的规章制度、精神内涵、发展理念、发展历程、发展规划、组织机构等方面的培训。

（5）以餐饮行业为主题的培训提纲

行业培训主要让餐厅服务员了解行业内其他餐饮企业的发展状况、餐饮市场的状况、餐饮行业的发展前沿，学会对行业发展趋势和市场竞争状况等进行分析。

### 3. 搜集培训素材的渠道及整理技巧

（1）素材搜集渠道

素材搜集的渠道广泛多样，可以通过电视、广播、主流报纸杂志，也可以通过互联网主要网站。各个餐饮企业发生的重大事件都会有所记录，从而为教案的编写提供丰富的素材。其他餐饮企业的内部培训资料和经验也是非常重要的素材。这些资料也可以作为服务员在培训中遇到问题时的参考资料。

（2）素材整理技巧

搜集到的素材五花八门，有待筛选和整理。编写教案时一般采用“AIDA”模型，将搜集的素材融入教案的主题和提纲中。“A”（Attention）指注意，素材要提炼出简单明了、鲜明突出的主题，能很好地引起学员的注意；“I”（Interest）指兴趣，所搜集的素材要能够引起学员参与的兴趣；“D”（Desire）指欲望，素材要能够激发学员的求知欲，让学员有意愿去思考和探索；“A”（Action）指行动，学员通过素材不仅可以学到餐厅服务员应掌握的知识，而且能够很快地运用到实践中。

### 【案例】某餐厅服务员消防安全培训教案

1. 培训主题。消防安全，重于泰山。

2. 培训对象。新入职员工。

3. 培训时间。6.18—6.19。

4. 培训目的。进入夏季后天气炎热，餐厅服务员每天出入于有明火的厨房重地，易发生火灾火情。新入职员工对餐厅尚未熟悉，消防意识薄弱，消防知识储备和能力缺乏，需要培训其严格遵守餐厅规章制度，增强消防意识，掌握消防知识，提高消防技能，对于火警火情防患于未然，采取正确的处理措施。

5. 培训重、难点。培训重点在于熟悉餐厅可能会发生的火情火灾并能够选择正确的处理方法，培训的难点在于面对火情火灾所需采取的操作技术。

6. 培训方法。讲授法、案例分析法、小组讨论法、情景模拟法。

7. 培训条件。培训会议室、教材、课件、教学场地。

8. 培训流程（见表 4-1-1）。

**表 4-1-1　培训流程**

| 培训模块 | 培训内容 |
|---|---|
| 1. 案例导入 | （1）2017 年 2 月 15 日，上海汶水东路 530 号一饭店发生火灾，该起火灾事故造成三名店内工作人员死亡<br>（2）2016 年 9 月 30 日，湖南省长沙市河西一餐厅厨房发生火灾，造成 10 人受伤，其中 4 人伤势较重，已住院治疗，无生命危险<br>（3）2015 年 8 月 13 日晚 10 点，南京长白街大个子龙虾店突发火灾，大火封门，火灾中一楼大部分宾客冲了出来，二楼多名宾客被浓烟熏倒，最终送医的人员中有 5 人不治身亡<br>（4）播放一段餐厅发生火灾的视频 |

续表

| 培训模块 | 培训内容 |
| --- | --- |
| 2. 知识讲解 | 2.1　消防基础知识<br>（1）消防工作的基本方针：“预防为主，防消结合”<br>（2）消防工作的宗旨：人人必须遵守消防规章制度，爱护消防设施和器材，学会灭火器的使用方法，把消防工作与生产放在同等重要的位置，加强消防意识并时刻保持警惕，预防为主<br>（3）消防工作的基本原则：按照政府统一领导、部门依法监管、单位全面负责、公民积极参与的原则，实行消防安全责任制，建立健全社会化的消防工作网络<br>（4）“两会一知”：会使用灭火器、会逃生自救，知道火警电话<br>（5）熟悉餐厅内部消防通道和消防设施的布局<br>2.2　引起餐厅火灾的原因<br>（1）电气设备引起火灾<br>（2）在禁烟场所吸烟、乱扔烟头和火柴梗<br>（3）不采取安全措施，使用燃气灶等用具不当，违章使用电器等<br>（4）停电使用蜡烛照明时，忽视安全<br>2.3　预防火灾<br>（1）保持消防通道畅通，消防门不能上锁，员工要记清楚餐厅和宿舍的安全出口、安全通道<br>（2）不乱拉乱接电线，对电路经常进行检查，发现问题及时更换<br>（3）爱护消防设施，如消火栓、灭火器、消防沙箱，消防池一定要保证有充足的蓄水<br>2.4　灭火的基本方法<br>（1）冷却灭火法<br>（2）隔离灭火法<br>（3）窒息灭火法<br>2.5　自救方法<br>（1）发生火灾后不要惊慌失措，要冷静地确定自己所处位置，根据周围的烟、火光、温度等分析判断火势，不要盲目采取行动<br>（2）身处楼房的员工，发现火情不要盲目打开门窗，否则有可能引火入室，也不要盲目乱跑，更不要跳楼逃生，以免造成不应有的伤亡。可以躲到洗手间，紧闭门窗，隔断火路，等待救援。有条件的，可以不断向门窗上浇水降温，以延缓火势蔓延<br>（3）在失火的楼房内，应通过消防通道走楼梯脱险<br>（4）在有把握的情况下，可以将绳索一头系在窗框上，然后顺绳索滑落到地面<br>（5）逃离火场时，尽量采取保护措施。如用湿毛巾捂住口鼻，用湿衣物包裹身体。烟雾弥漫中，可采取低姿势逃生，并沿墙壁边缘逃生，以免无法分辨方向 |

续表

| 培训模块 | 培训内容 |
| --- | --- |
| 2. 知识讲解 | （6）身上衣物着火时，要迅速脱掉衣服，或者就地滚动，以身体压灭火焰，还可以跳进附近的水池，总之要尽量减少身体烧伤面积，减轻烧伤程度<br>（7）火灾发生时，常会产生对人体有毒有害的气体，所以要预防毒烟，应尽量选择上风处停留，用湿毛巾或口罩保护口、鼻及眼睛，避免有毒有害烟气的侵害<br>（8）无法逃离火场时，应到窗户边或天台上呼救，等待救援<br>2.6　灭火应急规程<br>（1）报警通报。通报相关部门和消防控制中心<br>（2）灭火。确定火场情况和灭火策略 |
| 3. 案例分析 | 2005 年 12 月 25 日，广东省中山市坦洲镇文康路檀岛西餐厅“老虎吧”发生火灾，造成酒吧内的宾客 26 人（21 男 5 女）死亡、11 人受伤，烧毁酒吧室内装修及内部电器设备，过火面积 241 $m^2$，直接财产损失 11.6 万元，经济损失 956 万元。火灾发生后，广东省消防救援总队与公安部火灾事故调查专家组联合展开了火灾原因调查工作。通过对火灾现场的勘查，根据炭化、变色、烟熏等蔓延痕迹及证人证言，认定起火部位位于该酒吧舞池灯架上方的灯光音响处，排除了放火和用火不慎、自燃、吸烟等微弱火源及电气线路自身故障等因素，认定火灾系灯架上的灯具等设备引燃周围可燃物所致 |
| 4. 知识考核 | 作答消防培训试卷，可以采用填空题、判断题、问答题和案例分析题等多种题型进行考核。<br>一、填空题（每题 2 分）<br>1. 如果发现火灾发生，最重要的是__________，这样才能及时扑救，控制火势，减轻火灾造成的损失。<br>2. 发现火灾应及时报警，电话是__________。<br>3. 电器线路破旧老化要__________。<br>4. 火灾袭来时要迅速疏散逃生，不要__________。<br>5. 必须穿过浓烟逃生时，应尽量用浸湿的衣物、棉被包裹身体，__________。<br>6. 身上着火，应__________。<br>7. 大火封门无法逃生时，__________，呼救待援。<br>8. 在任何情况下都要保持疏散通道__________。<br>9. 我国的消防日是______月______日。<br>10. 发现煤气泄漏，速关__________，打开__________，切勿触动__________和使用__________。<br>二、判断题（每题 2 分）<br>1. 皮肤烧、烫伤后，应大量饮白开水、大量运动、多出汗。（　　）<br>2. 炉灶附近可放置可燃易燃物品。（　　） |

续表

| 培训模块 | 培训内容 |
|---|---|
| 4. 知识考核 | 3. 发现燃气泄漏，要迅速关闭气源阀门，打开门窗通风，切勿触动电器开关和使用明火，并迅速通知专业维修部门来处理。(　　)<br>4. 对液化气钢瓶，可用开水加热、火烤及日晒。(　　)<br>5. 使用液化气，要先开气阀再点火。使用完毕，先关气阀再关炉具。(　　)<br>6. 煤气泄漏要迅速关闭气阀，开窗通风，可打开电器开关和使用明火，在燃气泄漏场所可以拨打电话。(　　)<br>7. 火势不大时要当机立断，披塑料雨衣或衣服、毛毯、湿被褥勇敢地冲出去。(　　)<br>8. 餐厅内着大火时，要迅速打开所有门窗使空气对流，以免室内人员吸入大量二氧化碳而窒息。(　　)<br>9. 餐厅内火势较大时，不要盲目跳楼，可用绳子或把台布撕成条状连起来，紧拴在门窗框和重物上，顺势滑下。(　　)<br>10. 电器、汽油、酒精、食用油着火时，可及时用水来灭火。(　　)<br>三、问答题（每题 8 分）<br>1. 如何正确使用干粉灭火器?<br>2. 发现火情时如何报警?<br>3. 举例油锅起火的三种扑灭方法?<br>4. 燃气、液化气泄漏起火该如何扑救?<br>5. 电器电路起火该如何扑灭?<br>四、案例分析题（每题 20 分）<br>2002 年 7 月 13 日，在北京某大酒店发生火灾。当天两名学生入住北京某大酒店 1022 室。22 时 40 分许，住在 1020 房间的两名学生在房间内划玩火柴后未及时熄灭从而引发火灾，酒店没能及时救助，致使 1022 室房间的两名学生被弥漫的浓烟窒息死亡。家属认为两名学生的死亡原因是由于 1020 室学生玩火引发火灾造成的。同时，酒店应具有完善的防火条件和设施并有义务提供安全的住宿条件，在出现火灾后，更应及时采取救护措施，避免损害发生。然而，酒店并没有完善的火灾报警设施，火灾发生后没能及时报警，也没有将住店宾客紧急疏散并采取及时有效的救助措施，最终导致两名学生被困房内窒息死亡。<br>1. 请对此案例进行分析。<br>2. 你认为火灾发生时应该采取哪些应对措施? |
| 5. 实操演示 | 采用现场演示法介绍三种灭火措施的操作方法<br>（1）冷却灭火法　（2）隔离灭火法　（3）窒息灭火法 |
| 6. 实操练习 | 餐厅员工分小组练习三种灭火措施的操作方法，并指导 |
| 7. 实操考核 | 考核各小组三种灭火措施的操作方法，并打分 |

# 学习单元 2　初、中、高级餐厅服务员培训

## 一、培训的相关知识

### 1. 培训语言的重要性

（1）培训语言影响着教学的效果

餐厅服务员培训中的大部分信息都是通过培训语言传递的，培训师的综合培训素养也反映在培训语言中。培训语言的清晰度和严密度对培训效果影响较大，清晰度是指清晰流畅的语言表达，严密度是指逻辑周密严谨的语言表达，语言的清晰度和严密度与学员的学习效果密切相关。

（2）培训语言影响着学员能力的开发

培训语言影响着学员的思维能力、语言能力和审美能力，不同的培训语言对学员思维的影响是不同的，概括性语言影响学员的抽象思维，生动形象的语言影响学员的形象思维，灵活机敏的语言可以让学员的思维更加敏捷。在培训过程中，培训师的培训语言对学员具有一定的示范作用，学员通过培训语言可以跟上培训师的思维进度，学习思考问题的方法，体验到思考过程的快乐。

（3）培训语言影响着培训师思维能力的发展

培训不仅是学员学习的过程，也是培训师提高自身思维能力的过程。在培训中，培训师在使用培训语言的同时，也会不断丰富和增加语言信息储备，自觉训练语言组织能力，提高思维的敏捷性和准确性。

### 2. 培训语言的特点、分类和组织技巧

（1）培训语言的特点

1）规范性。语言的规范性涉及语音、词汇、语法等，要求发音清晰，用词恰当，表达准确，不使用方言，尽量使用标准的普通话。

2）逻辑性。培训师不仅要思路清晰，也要用有逻辑的语言表达出来，做到条理分

明、前后连贯、合乎规律，这样学员听到的信息才会有逻辑性，便于理解。

3）针对性。针对不同的学员或培训内容，要使用不同的培训语言。

4）可接受性。培训师想要达到预期的培训效果，就要使用能被学员接受的培训语言。培训语言要做到音量适中、语调适度、节奏合理，多使用学员常用的语言。同时，培训师要根据培训内容的不同不断地进行调整。

5）启发性。不同语言的使用能带给学员不同的体验和感受，具有启发性的语言可以诱发学员主动思考问题，学员通过主动思考所获的领悟，其印象会更加深刻，同时也带动了学员参与培训的积极性。

6）灵活性。灵活性要求培训师语言内容丰富，表达灵活多样，课堂气氛活跃，深入浅出，让学员在愉快和轻松自在的氛围中学习。

（2）培训语言的分类

1）导语。导语是一堂课程的开头，成功的导语设计能创设出和谐融洽的学习环境，激发学员的创新思维，培养学员的创新意识。导语可以根据培训内容，通过创设情境、开门见山、设计悬念等方式展示，也可以通过小游戏等方式暖场。导语可以对培训内容起到画龙点睛的作用，也可以起到引导、铺设的作用。

2）评点语。评点语是培训师在学员回答问题后，对学员答案的评价。评点语可以起到突出培训重点、了解学员学习情况、纠正学员问题的作用，同时也有利于培训师及时调整授课计划。

3）过渡语。过渡语连接着不同培训环节。培训环节不同，培训内容也不相同，在转换的过程中学员容易出现未进入状态的现象，所以良好的过渡语可以紧紧抓住学员的注意力，让学员平稳地过渡到下一个培训内容。

4）设问语。设问语是指为学员设置疑问，培训中通过设置疑问可以引发学员的联想和思考，让其自己主动归纳和总结。培训结束时设置疑问可以帮助学员梳理本次课程培训内容，让其回顾和复习所学内容，从而加深印象。

5）指令语。指令语是明确要求学员落实培训内容，完成学习计划。这一培训语言有利于节约课堂时间，提高学习效率。但其形式过于单调，学员容易感到疲惫。

6）指示语。指示语是培训师引导学员学习培训内容的一种语言，培训师讲授前一部分内容，学员会不由自主地想要知道下面的内容，产生求知欲。同时在培训师与学员一唱一和的互动中，课堂气氛会非常愉快，师生之间会更加默契融洽。

7）引语。引语是培训师为了更生动形象地讲解某个知识点，帮助学员学习和理解时使用的。培训师往往引经据典，为学员讲解其熟悉的诗歌和名人名言或有趣的故事。

8）结语。结语是课堂的结束语，也是培训内容的结尾部分，主要是为学员归纳培训内容，重复重点、难点，升华教学内容，并为学员布置作业。

（3）培训语言的组织技巧

1）准确。培训语言要用语准确、用词严谨，正确使用专业术语，为学员营造一个专业的学习氛围，在学员头脑中建立起正确的概念。如果培训语言不准确，培训师讲授时杂乱无章、颠三倒四，学员就会听得毫无头绪、不得要领。

2）详略分明。培训师要做到讲解详略得当，重点突出。在讲解较难理解的内容时，要从多个角度尽量详细地讲解，否则学员很难听懂。受课时限制，培训师在讲解比较容易理解的地方时，要简明扼要，适可而止，如果语言冗长，会让学员感觉疲惫。

3）生动。生动的培训语言可以把深奥的知识形象化，把抽象的事物具体化，让学员在妙语连珠、如春风和煦般的环境中学习知识。生动形象的教授方式不仅让培训师的讲解充满激情，也会牢牢地吸引学员的注意，诱发学员学习和创作的灵感。

4）幽默。幽默的培训语言要以培训师丰厚的学识和机敏的变通能力为前提，同时，培训师只有具备乐观的情绪、爽朗的性格、博大的胸怀，才能使语言充满智慧，让学员觉得培训是一种享受。

### 3. 培训方法和手段

（1）培训方法

培训方法是指一种具体的教学方法，可以通过不同的教学方式达到预计的教学效果，改变学员的工作态度，提高学员的专业知识，增强学员的业务技能等。餐厅服务员的培训方法多种多样，培训方法的选择要根据培训目的、培训内容、培训场地和培训对象等因素综合考虑。不同数量的培训对象采取不同的培训方法，按照培训对象的数量可以分成群体培训法和个别培训法两大类。

（2）培训手段

培训手段是指在教学过程中有利于师生互通信息的各种工具和设备。培训手段分为传统培训手段和现代培训手段两大类，传统培训手段有口头语言、培训资料、黑板、粉笔、图纸等，现代培训手段侧重于电子设备的使用，如投影仪、计算机、录像机等。无论哪种培训手段，都没有绝对的好坏之分，只要有利于培训师的传授，让学员更好地接受培训，都是可以采用的。

## 二、餐厅服务群体培训与个别培训教学法

### 1. 餐厅服务群体培训教学法

（1）讲授法

讲授法是培训师通过语言向学员传授知识、技能，发展学员智力的教学方法，是教学方法中被运用得最多和最广的一种。讲授法有利于充分发挥培训师的主导作用，在较短时间内让学员获得更多的间接知识，但这种方法不易发挥学员的主动性和因材施教。根据培训内容和学员特征的不同，讲授法又可以分为讲解、讲述、讲读和讲演四种方式。讲授法在运用时应注意科学性、完整性、准确性等，真实地反映培训内容，层次清楚，重点突出，语言表达精、准、美、活。

（2）讨论法

讨论法是在培训师的指导下，学员针对培训师给出的某一话题收集资料并进行群体性讨论，从而实现信息交流和加深认知的一种教学方法。讨论法以学员为主体，充分发挥学员的主动性，每个学员都可以参与进来，发表自己的看法，集思广益，互相启发，共同进步。讨论法的具体模式有交流式、评述式、辩论式、质疑式等，在运用时，培训师要注意讨论前的准备工作、讨论中的引导工作、讨论后的评价工作，这样才能发挥讨论法的效果。

（3）案例研讨法

案例研讨法结合实际情况，以典型案例为素材，鼓励学员独立思考，引导学员更加注重运用知识的能力，重视学员与培训师之间的双向交流。通过案例研讨法，学员可以提高分析问题、判断问题和解决问题的能力，形成一套处理问题的思考模式。

（4）职位扮演法

职位扮演法多用于让学员尝试不同职位的职责，体验不同职位人员在岗位上的感受。由于所处职位的不同，上下级员工之间、员工与宾客之间、不同部门的人员之间会时常出现沟通不畅的问题。职位扮演法可以让不同职位的人员感受对方的情况和难处，多用于改善人际关系。

（5）操作示范法

操作示范法是培训师以自身完成的操作作为范例，用以指导学员并让其模仿练习的一种教学方法。培训师在进行操作示范时，为了帮助学员更准确地学习操作动作，要从正面示范、背面示范、侧面示范和镜面示范四个角度进行操作要领的示范。注意

示范的速度，重要的操作环节减慢示范速度；注意示范的距离，在所有学员视线范围内操作；注意示范的规范，让学员从最开始就学习到正确的操作动作。

（6）游戏培训法

游戏培训法是一种较先进的培训方法，不同于传统的培训法，培训师把学员组织起来，并规定好游戏的规则、程序、目标和输赢标准，游戏的过程无法推测，游戏的结局更无法预测。与案例研讨法相比，游戏培训法更加真实生动，灵活易变。

（7）演示法

演示法是培训师通过电视机、投影仪、录音机或实物向学员展示从而对学员进行训练的方法。展示的内容包括餐厅服务员的服务操作规范、服务礼仪规范、外语使用、经典案例等。

### 2. 餐厅服务个别培训法

个别培训法即一对一的现场个别培训，这种培训法能为学员提供具有针对性的教学方案，实时跟踪学员的学习动态，及时调整培训方法和培训目标，对学员进行有效的培训组织与指导，有利于学员取得最佳的学习效果。个别培训法可以分为以下四个步骤。

（1）准备

培训师制作好培训任务表和任务细则，确定培训目标，让培训学员做好准备，并挑选培训学员。

（2）传授

培训师以任务细则为基准，与培训学员一起讨论，讲解工作内容，接着示范工作步骤、方法。

（3）练习

培训学员对工作内容熟悉后，开始独立操作。培训师在培训学员操作的时候注意观察，适时辅导。对正确的操作加以肯定和赞扬，对尚待修正的工作加以指正和修改。

（4）跟踪观察

培训学员能够独立工作后，培训师不必像练习时那样对培训学员进行实时指导，但需提供明确的支持和反馈，使培训学员对培训抱有积极主动的态度。

## 三、餐厅服务培训课堂教学过程组织设计

### 1. 编制培训方案

编制培训方案包括确定培训内容、培训目标、培训要求、培训地点、培训时间、培训对象、培训工具、培训方法等。首先，确定培训内容和培训对象，培训内容对于培训对象基础条件的要求不可过高，也不可过低；其次，根据培训内容的不同和培训对象的特征，设定合理的培训目标，对培训对象提出培训要求；再次，选择合适的培训地点和培训时间；最后，收集培训资料并撰写培训教案，根据培训教案的内容选择培训方法，准备培训所需的工具和设施设备。

### 2. 课前准备（备课、准备教具等）

课前准备的内容包括收集与培训内容相关的培训资料，了解并分析学员的学习情况，制作多媒体课件，熟悉培训地点，检查培训师示范和学员训练用的设施设备是否完好及其数量是否充足，培训师检查自身着装和仪表是否得当。

### 3. 授课

培训课堂上一般以复习上节课和导入新课内容为授课的开始，复习内容为上节课学习的内容，复习方法以提问法、学员操作法和培训师示范法为主；导入新课的方法可以是直接导入理论、提问导入理论、观看操作录像、示范操作步骤等。培训师要为学员点出本节课的重点、难点，合理分配授课时间，多采用师生互动的双向沟通方式，以活跃课堂气氛，如可采用案例分析法、小组讨论法、角色扮演法、演示法等。最后要有课堂小结，培训师利用 5 ~ 10 min 进行培训小结，可以是培训师进行归纳总结，也可以是学员尝试归纳总结，或培训师采用提问的方式和学员共同完成小结任务。

### 4. 评估、反馈、答疑

培训师要随时评估学员的学习效果，并提升培训的趣味性。学员的基础条件和学习能力各不相同，学习进度也参差不齐，培训师要因地制宜，因材施教。面对学员的进步，培训师要给予肯定和赞扬；面对学员的疑惑和错误，培训师要及时解答疑惑，适时给予鼓励和支持。

5. 改进

培训改进要根据学员的学习和反馈情况而定。学员对培训内容能够很快掌握并感觉培训内容简单时，培训师要增加培训内容的难度；如果学员对培训内容普遍反映较难，培训师则应调整难度，以免学员产生厌学弃学的心理。如果培训内容在难易程度上没有问题，要考虑培训方法有没有可以改进的地方，多采用学员喜爱和容易接受的方法。

# 课程 4-2　技能指导

## 学习内容

| 学习单元 | 课程内容 | 培训建议 | 课堂学时 |
| --- | --- | --- | --- |
| 对初、中、高级餐厅服务员进行技能指导 | 1）技能指导的概念和方法 | （1）方法：讲授法、案例教学法<br>（2）重点与难点：技能指导的过程及效果评定 | 4 |
| | 2）技能指导的组织程序 | | |
| | 3）技能指导的效果评定 | | |

## 学习单元　对初、中、高级餐厅服务员进行技能指导

### 一、技能指导的概念和方法

1. 技能指导的概念

技能指导是指在培训环境中，培训师以所要培训的技能为指导内容，根据学员学

习技能的心理过程，为其创建一个良好的技能学习环境，在学习技能的动机、过程、方法、重点、难点上对学员进行指导和引导，从而促进学员技能的掌握。

2. 技能指导的方法

（1）讲解法

培训师先讲解技能的相关知识，包括技能的操作内容、操作步骤、操作标准、注意事项等。讲解法应用较广，费用低，内容丰富，在技能培训中一般放在技能操作之前，为技能操作做铺垫。但讲解法属于单向沟通，必须配合其他方式学员才能进行实际操作，实现培训目标。

（2）示范法

培训师向学员示范具体的操作动作，使学员在头脑中建立起对所要学习的操作动作的直观感受，以便学员在操作示范结束后进行模仿和练习。示范法一般要求学员观察一整套完整的操作动作和流程，具有较强的系统性，然后培训师按照技能培训的要求，对动作进行分解，并慢速加以示范。示范法能更好地激发学员学习的自觉性，活跃技能培训的课堂氛围，激发学员的求知欲。

（3）视频法

培训师采用多媒体设备向学员播放所要培训技能的相关视频。视频内容丰富多样，可以是行业内的录制视频，也可以是其他培训师的授课视频，可为培训师的技能指导起到辅助作用。视频法一般需要辅以讲解法和示范法，较少单独出现，培训师在播放视频时需要在技能的重点、难点和学员较难掌握的地方进行讲解和示范，最终完成培训目标。

（4）练习法

练习法是在培训讲解和示范结束后，学员按照培训师的讲解，回忆培训师的示范动作，自行进行重复性练习。培训师在学员练习的过程中，不断进行巡视，为学员讲解不明白的地方，并指出学员操作错误和不标准的地方，最终使其能够熟练掌握操作技能。练习法是技能指导中经常使用的一种方法，它有利于学员对技能的掌握，同时还有利于培训师了解学员的学习情况，并对学员进行一对一指导。

（5）角色扮演法

角色扮演法是将学员分成小组并安排其担任不同的角色，然后将学员安排在模拟的环境中，学员通过角色的扮演实现操作动作的练习和展示，培训师进行观察和指导。角色扮演法给学员以身临其境的真实感觉，需要数个学员共同完成；学员在扮演时具有一定的压力，能够更加认真地对待；同时学员又会感受到角色扮演法的趣味性，激发其学习的兴趣和动力。角色扮演法是培训师检验学生实操技能水平的一种方法。

## 二、技能指导的组织程序

### 1. 技能指导前准备

在技能指导前需安排好技能指导时需用到的场地、餐具、酒具和其他用具。例如，在进行乌龙茶冲泡技能指导时，需提前准备好茶叶、茶盘、茶巾、煮水器、紫砂壶、品茗杯、闻香杯、公道杯、小茶杯等；调制鸡尾酒时也需要提前准备好所需的调酒工具、基酒、辅料、装饰物等。

### 2. 培训师讲解示范与指导练习相结合

在为学员做技能培训的时候，培训师要采用多种技能指导方法，将讲解法、示范法、练习法等方法相结合。培训师的授课离不开讲解法，培训师通过示范法为学员提供现场操作示范，以提高学员技能学习的效率。学员掌握操作技能离不开练习法，培训师也要通过练习法掌握学员学习技能的进度。在学员练习的过程中，培训师要巡回观察，密切关注每一名学员的练习情况，指导学员掌握重点、难点内容，帮助解决学员在练习中遇到的问题。

### 3. 技能考核评价

技能考核评价以培训师为主，以学员、企业和其他主体为辅，评价内容包括学习态度、学习过程、技能目标完成情况等方面。应采取多元化评价方式，例如，采取过程评价和结果评价相结合、定性评价和定量评价相结合、理论评价和实践评价相结合、课堂评价和行业评价相结合、学员自评和互评相结合等方式。

## 三、技能指导的效果评定

### 1. 技能水平评定

（1）初级服务员技能水平评定

主要内容包括餐前准备、接待服务、餐间服务、餐后服务四个部分（见表 4–2–1）。

表 4-2-1　初级服务员技能水平评定内容

| 评定模块 | 评定内容 | 技能评定 | 评定细目 |
|---|---|---|---|
| 1. 餐前准备 | 1-1　个人、物品及环境准备 | 1-1-1　能进行仪容仪表准备 | （1）个人仪容仪表准备<br>（2）仪容仪表检查 |
| | | 1-1-2　能进行物品准备 | （1）物品数量检查与准备<br>（2）物品质量检查与准备 |
| | | 1-1-3　能进行环境准备 | （1）环境卫生检查与准备<br>（2）灯光、家具、电器等的检查与准备<br>（3）摆饰检查<br>（4）温度、湿度调节 |
| | 1-2　托盘 | 1-2-1　能选用托盘 | （1）根据形状选择托盘<br>（2）根据材质选择托盘<br>（3）根据尺寸规格选择托盘 |
| | | 1-2-2　能起托、托盘行走、落托 | （1）轻托物品托盘<br>（2）重托物品托盘<br>（3）理盘、装盘 |
| | 1-3　摆台 | 1-3-1　能铺中餐便餐台台布 | （1）推拉式铺台<br>（2）抖铺式铺台<br>（3）撒网式铺台 |
| | | 1-3-2　能摆放中餐便餐台 | （1）摆餐具<br>（2）摆其他物品<br>（3）围椅 |
| | 1-4　餐巾折花 | 能折叠 10 种杯花、5 种盘花 | （1）5 种动物杯花折叠<br>（2）5 种植物杯花折叠<br>（3）5 种盘花折叠<br>（4）餐巾花的摆放 |
| 2. 接待服务 | 2-1　礼仪接待 | 能用普通话为宾客引位入座 | （1）迎宾服务<br>（2）引位入座 |
| | 2-2　出品介绍 | 2-2-1　能介绍菜品的名称和特色 | （1）介绍中餐菜品原材料<br>（2）介绍中餐菜品加工及烹饪方法<br>（3）介绍中餐菜品命名方法 |

续表

| 评定模块 | 评定内容 | 技能评定 | 评定细目 |
| --- | --- | --- | --- |
| 2. 接待服务 | 2-2　出品介绍 | 2-2-2　能介绍酒水的名称和特色 | （1）介绍中国酒的分类及特点<br>（2）介绍常见中国酒的饮用方法<br>（3）介绍非酒精饮料的分类及特点<br>（4）介绍常见非酒精饮料的饮用方法 |
| | 2-3　点菜、酒水 | 2-3-1　能根据宾客需求点菜品 | （1）为宾客点中餐菜品<br>（2）使用点菜机 |
| | | 2-3-2　能根据宾客需求点酒水 | 为宾客点酒水 |
| 3. 餐间服务 | 3-1　上菜服务 | 3-1-1　能传菜 | （1）传菜准备<br>（2）检查订单和菜品<br>（3）传送菜品 |
| | | 3-1-2　能定位上菜 | （1）确定零点上菜位置<br>（2）确定宴会上菜位置 |
| | | 3-1-3　能按顺序上菜 | （1）按顺序上菜<br>（2）正确摆放 |
| | | 3-1-4　能报菜名 | （1）报菜名<br>（2）介绍菜品 |
| | | 3-1-5　能进行特殊菜品上菜 | （1）上原盅炖品菜<br>（2）上有响声菜品<br>（3）上搭配作料菜品<br>（4）上拔丝菜<br>（5）上泥包、纸包、荷叶包菜<br>（6）上带酒精炉菜品 |
| | 3-2　酒水服务 | 3-2-1　能根据酒水选用酒杯 | （1）选择白酒杯<br>（2）选择啤酒杯<br>（3）选择饮料杯 |
| | | 3-2-2　能开启各类酒水 | （1）开启白酒<br>（2）开启啤酒<br>（3）开启饮料 |

续表

| 评定模块 | 评定内容 | 技能评定 | 评定细目 |
|---|---|---|---|
| 3. 餐间服务 | 3-2　酒水服务 | 3-2-3　能徒手斟酒水 | （1）徒手斟白酒<br>（2）徒手斟啤酒<br>（3）徒手斟饮料 |
| | 3-3　撤换餐用具 | 3-3-1　能撤换餐具 | （1）撤换食具<br>（2）撤换酒具<br>（3）撤换茶具 |
| | | 3-3-2　能撤换用具 | （1）撤筷套等<br>（2）撤换小毛巾等 |
| 4. 餐后服务 | 4-1　送客服务 | 能礼貌送客 | （1）餐后打包<br>（2）送客<br>（3）餐后餐厅检查 |
| | 4-2　清理餐桌 | 4-2-1　能按顺序收台 | 按顺序收台 |
| | | 4-2-2　能清洁台面 | （1）擦拭台面<br>（2）消毒台面 |

（2）中级服务员技能水平评定

主要内容包括餐前准备、接待服务、餐间服务、餐后服务四个部分（见表 4–2–2）。

表 4-2-2　中级服务员技能水平评定内容

| 评定模块 | 评定内容 | 技能评定 | 评定细目 |
|---|---|---|---|
| 1. 餐前准备 | 1-1　摆台 | 1-1-1　能铺西餐便餐台台布 | （1）铺方桌西餐便餐台台布<br>（2）铺长方桌西餐便餐台台布 |
| | | 1-1-2　能摆放西餐便餐台餐具 | （1）西餐便餐台早餐摆台<br>（2）西餐便餐台午、晚餐摆台 |
| | | 1-1-3　能摆放中餐宴会餐台餐具 | 普通中餐宴会摆台 |
| | 1-2　餐巾折花 | 1-2-1　能折叠 20 种杯花、5 种盘花 | （1）杯花的折叠<br>（2）盘花的折叠 |
| | | 1-2-2　能根据宴会台面选择和摆放餐巾花 | （1）能按照宴会台面选择餐巾花<br>（2）能按照宴会台面摆放餐巾花 |

续表

| 评定模块 | 评定内容 | 技能评定 | 评定细目 |
| --- | --- | --- | --- |
| 2. 接待服务 | 2-1　礼仪接待 | 能判断宾客类型并针对需求安排席位 | （1）判断宾客类型<br>（2）中餐宴会席位安排 |
| | 2-2　出品介绍 | 2-2-1　能介绍西餐菜品的名称和特色 | （1）介绍西餐菜品原材料<br>（2）介绍西餐菜品加工及烹饪方法 |
| | | 2-2-2　能介绍菜品典故 | 介绍菜品典故 |
| | | 2-2-3　能介绍菜品的营养特点 | （1）介绍中餐菜品的营养特点<br>（2）介绍西餐菜品的营养特点 |
| | | 2-2-4　能介绍酒水的名称和特色 | （1）介绍外国酒的分类和特点<br>（2）介绍外国酒的饮用方法 |
| | 2-3　点菜、酒水 | 2-3-1　能根据宾客需求点菜品 | （1）介绍西餐菜品的构成及特点<br>（2）介绍西式点心的种类及特点<br>（3）为宾客点西餐菜品 |
| | | 2-3-2　能根据宾客需求点酒水 | 为宾客点西餐酒水 |
| 3. 餐间服务 | 3-1　西餐上菜服务 | 能按顺序上菜与摆放 | 按顺序上菜与摆放 |
| | 3-2　自助餐服务 | 能进行自助餐服务 | （1）自助餐菜台服务<br>（2）自助餐餐台服务 |
| | 3-3　分菜服务 | 能分炒菜、汤菜 | （1）分炒菜<br>（2）分汤菜 |
| | 3-4　酒水服务 | 能进行黄酒服务 | 黄酒服务 |
| | 3-5　撤换餐具 | 3-5-1　能根据菜单内容调整中餐餐具 | （1）撤换餐具<br>（2）根据菜单内容调整餐具 |
| | | 3-5-2　能撤自助餐餐具 | 适时、快速撤换餐具 |
| 4. 餐后服务 | 4-1　结账收银 | 能为宾客准确、快捷地进行结账服务 | （1）现金结账<br>（2）信用卡结账<br>（3）支票结账<br>（4）电子支付 |

续表

| 评定模块 | 评定内容 | 技能评定 | 评定细目 |
|---|---|---|---|
| 4. 餐后服务 | 4-2　送客服务 | 能进行礼貌送客服务 | （1）礼貌送客<br>（2）送客服务内容 |
| | 4-3　酒具保洁 | 4-3-1　能清洁酒具 | （1）选用清洁剂<br>（2）清洁酒具 |
| | | 4-3-2　能给酒具消毒 | （1）选用消毒剂<br>（2）给酒具消毒 |

（3）高级服务员技能水平评定

主要内容包括餐前准备、接待服务、餐间服务、餐厅管理四个部分（见表 4–2–3）。

表 4–2–3　高级服务员技能水平评定内容

| 评定模块 | 评定内容 | 技能评定 | 评定细目 |
|---|---|---|---|
| 1. 餐前准备 | 1-1　插花 | 1-1-1　能为中餐台面插花 | （1）中餐台面插花的花材选择<br>（2）按照基本程序和方法进行插花<br>（3）3 种以上花型设计和插花 |
| | | 1-1-2　能为西餐台面插花 | （1）西餐台面的花材选择<br>（2）按照基本程序和方法进行插花<br>（3）3 种以上花型设计和插花 |
| | 1-2　摆台 | 1-2-1　能摆放中餐主题宴会台面 | （1）生日宴会摆台<br>（2）婚宴摆台<br>（3）商务宴会摆台 |
| | | 1-2-2　能摆放西餐主题宴会台面 | 西餐宴会摆台 |
| 2. 接待服务 | 2-1　礼仪接待 | 能进行预订服务 | （1）散客预订<br>（2）宴会、团队餐预订 |
| | 2-2　出品介绍 | 2-2-1　能介绍中餐宴会菜品组合特点 | （1）中餐宴会菜品品种组合<br>（2）中餐宴会菜品营养组合 |
| | | 2-2-2　能介绍西餐宴会菜品组合特点 | （1）西餐宴会菜品品种组合<br>（2）西餐宴会菜品营养组合 |
| | 2-3　茶艺服务 | 2-3-1　能识别红茶、绿茶、花茶 | 识别红茶、绿茶、花茶 |

续表

| 评定模块 | 评定内容 | 技能评定 | 评定细目 |
| --- | --- | --- | --- |
| 2. 接待服务 | 2-3　茶艺服务 | 2-3-2　能冲泡红茶、绿茶、花茶 | （1）冲泡红茶<br>（2）冲泡绿茶<br>（3）冲泡花茶 |
| 3. 餐间服务 | 3-1　分菜服务 | 3-1-1　能分整形菜 | 分整形菜 |
| | | 3-1-2　能进行特殊菜品服务 | （1）分铁板类菜品<br>（2）分卷食类菜品<br>（3）分拔丝类菜品 |
| | | 3-1-3　能进行西餐分菜服务 | （1）法式分菜服务<br>（2）俄式分菜服务 |
| | 3-2　酒水服务 | 3-2-1　能进行葡萄酒服务 | 葡萄酒服务 |
| | | 3-2-2　能进行汽酒服务 | 汽酒服务 |
| 4. 餐厅管理 | 4-1　酒水管理 | 4-1-1　能感官鉴别酒水质量 | 酒水质量感官鉴别的一般方法 |
| | | 4-1-2　能储藏酒水并办理出入库手续 | （1）根据不同酒水储藏要求进行储藏<br>（2）按要求完成酒水出入库手续 |
| | 4-2　器皿管理 | 能保养水晶、金银等高档餐酒具及玉雕装饰器皿 | 水晶、金银等餐酒具及玉雕装饰器皿的清洁、保养与存放 |
| | 4-3　服务质量管理 | 4-3-1　餐厅管理基础知识 | 餐厅管理基础知识 |
| | | 4-3-2　能纠正服务过程中不符合服务程序、服务规范等问题 | 纠正不符合服务程序的餐厅服务问题 |

## 2. 知识水平评定

知识水平的评定内容适用于初、中、高级服务员，主要内容包括职业认知与职业道德、餐厅服务礼仪、餐厅服务心理与人际沟通、饮食营养、饮食卫生、餐厅安全知识和相关法律、法规知识等（见表 4-2-4）。

表 4-2-4　知识水平评定

| 评定模块 | 评定内容 | 评定细目 |
| --- | --- | --- |
| 1. 职业认知与职业道德 | 1-1　职业认知 | （1）餐饮业简介<br>（2）餐厅服务员的工作内容 |
| | 1-2　职业道德基本知识 | （1）“四德”建设的主要内容<br>（2）社会主义核心价值观<br>（3）职业道德修养 |
| | 1-3　职业守则 | 餐厅服务员职业守则 |
| 2. 餐厅服务礼仪 | 2-1　餐厅礼貌服务基础知识及相关要求与规范 | （1）餐厅礼貌服务基础知识<br>（2）餐厅礼貌服务相关规范 |
| | 2-2　餐厅服务语言艺术 | （1）餐厅服务用语<br>（2）与宾客有效沟通的语言艺术 |
| | 2-3　用餐礼仪与饮食习俗 | （1）用餐礼仪<br>（2）饮食习俗与礼节 |
| 3. 餐厅服务心理与人际沟通 | 3-1　餐厅服务心理 | （1）餐厅服务心理<br>（2）不同消费心理宾客的接待方法 |
| | 3-2　人际沟通 | （1）餐厅人际沟通的基本原则<br>（2）餐厅人际沟通的基本技巧 |
| 4. 饮食营养 | 4-1　能量与营养素，水和膳食纤维 | （1）能量的供给和食物来源<br>（2）宏量营养素的概念、生理功能和食物来源<br>（3）微量营养素的概念、生理功能和食物来源<br>（4）水和膳食纤维的概念、生理功能及食物来源 |
| | 4-2　平衡膳食 | （1）平衡膳食与合理营养的知识<br>（2）膳食结构知识 |
| 5. 饮食卫生 | 5-1　食品卫生质量鉴别 | （1）食品卫生知识<br>（2）通过感官、食品标签鉴别腐败食品和过期食品 |
| | 5-2　食品污染和食物中毒 | （1）食品污染及其防范<br>（2）食物中毒特点与分类知识 |
| | 5-3　餐饮企业卫生管理要求 | （1）餐厅环境卫生要求<br>（2）餐厅服务员卫生要求<br>（3）餐用具、棉织品卫生要求<br>（4）饮水卫生要求 |

续表

| 评定模块 | 评定内容 | 评定细目 |
|---|---|---|
| 6. 餐厅安全知识 | 6-1　公共场所安全知识 | （1）餐厅突发治安管理事件的应对方法<br>（2）餐厅突发消防事件的应对方法<br>（3）各类灭火器材的使用方法 |
| | 6-2　餐厅安全知识 | （1）常见餐厅安全隐患<br>（2）操作安全、财产安全和环境安全隐患的防范 |
| 7. 相关法律、法规知识 | 相关法律、法规知识 | （1）《中华人民共和国劳动法》相关知识<br>（2）《中华人民共和国劳动合同法》相关知识<br>（3）《中华人民共和国消费者权益保护法》相关知识<br>（4）《中华人民共和国食品安全法》相关知识<br>（5）《中华人民共和国消防法》相关知识 |

3. 态度、礼仪评定

将餐厅对服务员的服务态度标准、仪容仪表标准、行为标准等发给学员，例如，热情好客、认真耐心等态度礼仪，妆容、走姿和站姿仪态等仪容仪表礼仪，迎宾员的迎宾礼仪、值台员的上菜等服务礼仪（见表 4–2–5）。

表 4–2–5　态度、礼仪评定内容

| 评定模块 | 评定内容 | 技能评定 | 评定细目 |
|---|---|---|---|
| 1. 服务态度 | 服务态度 | 能保持正确的服务态度 | （1）热情友好<br>（2）真诚公道<br>（3）平等待客<br>（4）精益求精 |
| 2. 仪容仪表 | 2–1　仪容 | 能准备正确的仪容 | （1）发部修饰<br>（2）皮肤保养<br>（3）脸部修饰<br>（4）手部保养 |
| | 2–2　仪表 | 能准备正确的仪表 | （1）着装整洁统一<br>（2）着装搭配合理<br>（3）着装与职业相称 |
| | 2–3　仪态 | 能保持正确仪态 | （1）站姿<br>（2）坐姿<br>（3）行姿<br>（4）手势<br>（5）面部表情 |

续表

| 评定模块 | 评定内容 | 技能评定 | 评定细目 |
| --- | --- | --- | --- |
| 3. 服务行为 | 3-1　餐厅礼貌服务要求与规范 | 能进行礼貌服务 | 餐厅礼貌服务 |
| | 3-2　餐厅服务语言艺术 | 能正确使用餐厅服务语言 | （1）使用餐厅服务用语<br>（2）与宾客有效沟通 |
| | 3-3　用餐礼仪与饮食习俗 | 能正确使用用餐礼仪，掌握饮食习俗 | （1）运用用餐礼仪<br>（2）掌握饮食习俗与礼节 |

4. 综合评定

学员在达到技能水平、知识水平、态度和礼仪三个方面的要求后，还应了解餐厅的组织形式，各部门的名称及负责人、工作内容和工作程序；掌握餐厅产品知识和经营信息等，包括经营部门联系方式、地理位置、营业时间、经营项目、餐厅特色等相关信息。培训师在对学员学习效果进行评价时，要综合考核以上多方面的内容。

# 第二部分　高级技师

## 模块1　餐前准备

- 课程 1-1　菜单设计
- 课程 1-2　就餐环境设计布置
- 课程 1-3　餐台设计布置

# 课程设置

| 课程 | 学习单元 | 课堂学时 |
| --- | --- | --- |
| 1-1　菜单设计 | （1）宴会菜单设计基础知识 | 2 |
| | （2）中餐宴会菜单设计 | 4 |
| | （3）西餐宴会菜单设计 | 4 |
| 1-2　就餐环境设计布置 | （1）大型宴会环境设计与布置要求 | 4 |
| | （2）大型鸡尾酒会环境设计与布置 | 3 |
| | （3）大型冷餐会环境设计与布置 | 3 |
| | （4）大型茶话会环境设计与布置 | 3 |
| 1-3　餐台设计布置 | （1）大型宴会台型设计 | 2 |
| | （2）台型设计方案撰写 | 2 |
| | （3）鸡尾酒会台型设计及布置 | 2 |
| | （4）冷餐会台型设计及布置 | 3 |
| | （5）茶话会台型设计及布置 | 3 |

## 课程 1-1　菜单设计

### 学习内容

| 学习单元 | 课程内容 | 培训建议 | 课堂学时 |
| --- | --- | --- | --- |
| （1）宴会菜单设计基础知识 | 1）宴会菜单设计原则<br>2）宴会菜单设计要求<br>3）宴会菜单设计内容及程序 | （1）方法：讲授法<br>（2）重点与难点：菜单设计内容及程序 | 2 |

续表

| 学习单元 | 课程内容 | 培训建议 | 课堂学时 |
| --- | --- | --- | --- |
| （2）中餐宴会菜单设计 | 1）中餐宴会菜单设计方法<br>2）中餐宴会菜品品种组合<br>3）中餐宴会菜品营养组合 | （1）方法：讲授法、案例教学法<br>（2）重点与难点：中餐宴会菜单的设计 | 4 |
| （3）西餐宴会菜单设计 | 1）西餐宴会菜单设计方法<br>2）西餐宴会菜品品种组合<br>3）西餐宴会菜品营养组合<br>4）鸡尾酒会菜单设计<br>5）冷餐会菜单设计 | （1）方法：讲授法、案例教学法<br>（2）重点与难点：西餐宴会菜单、酒单的设计 | 4 |

# 学习单元 1　宴会菜单设计基础知识

## 一、宴会菜单设计原则

### 1. 满足宾客需求

宴会菜单设计的目的是满足宾客的宴会用餐需要，为了达到这一目的，需搜集、整理及分析当次宴会宾客的饮食习惯和宴会要求，确定合适的宴会菜单。不同国籍、年龄、性别、职业、民族、宗教信仰的宾客会有不同的饮食习惯和爱好，还可以建立宾客饮食档案。例如，欧美人喜食水产品、家禽、猪牛肉、新鲜蔬果等，不喜食肥肉和动物内脏等；年长的人喜食清淡易消化食物，年轻人多爱口味较重的食物。

### 2. 突出宴会风格

不同的宴会有不同的风格，需要选用不同的菜单，菜单应根据不同类型宴会的风格变换内容，例如，婚宴与商务宴的菜单风格截然不同，前者突出喜庆热闹，后者表现礼仪与规范；不同规模宴会的菜单在菜品数目上存在较大区别，大型宴会的菜品数目一般要多于小型宴会；不同档次宴会的菜单主要在宴会菜品的档次上体现差异，高档宴会一般选用较为昂贵的原材料和较复杂的烹调方法以凸显菜品档次。

3. 兼宾客观因素

宴会菜单在设计时，必须考虑到餐厅的原材料供应情况、设施设备条件和员工技术力量等客观因素。餐厅原材料决定了菜单内容是否可以实施，菜单需要在熟悉餐厅原材料库存、原材料价格、原材料季节性、运输费用等情况的基础上进行设计；餐厅厨房设施设备的质量和数量影响着菜品制作的质量和速度，如果厨房的烤箱较少，菜单上需要用烤箱的菜品就会受到一定的限制，如果烤箱的数量足够但质量较差，则会降低菜品的品质。菜单上的菜品应是餐厅厨师擅长的菜系，要避免出现厨师制作难度大、工艺复杂、用时较长的菜品。

4. 适时调整并创新

菜单菜品的选择要考虑到餐厅的风格、菜品的营养成分、菜品的成本和利润、创新菜品的使用。菜单的外观要与餐厅装修和布置风格、宴会主题相一致，菜品精致美观；针对宴会宾客的具体情况选择具有合适营养成分和分量的菜品，做到荤素搭配、粗细搭配、营养搭配；熟悉每道菜的成本、售价和利润，以及主料、辅料和调料等，针对不同的宴会和淡旺季调整价格；宴会菜单就消费频次来说虽然不高，但仍然会受到宾客口味、季节变化、经营风格变化的影响，菜品仍需不断改进与创新，使宾客每次光顾均可以感受到餐厅与时俱进和开拓进取的经营理念。

## 二、宴会菜单设计要求

1. 原材料选用多样化

宴会单桌一般为十人及以上，口味多样，对菜品的需求具有较大的差异，众多风味的菜品依托于多样化的原材料，单用蔬菜做不出海鲜的鲜美、做不出豆制品的豆香、做不出水果的酸甜；同样，其他原材料也做不出蔬菜的清爽利口。一种原材料具有的营养元素较为单一，豆制品和奶制品拥有较高的蛋白质，水果中的维生素含量较高，蔬菜具有较高的膳食纤维等，所以只有多样化的原材料才能做出不同风味和营养全面的菜品。

### 2. 烹调方法多种化

中、西餐都非常讲究运用多种烹调方法，中餐常见的烹调方法就有 10～14 种之多，用众多的烹调方法制作出不同风味的菜品，让宾客享受到丰富的菜品和多变的口味。因此，在宴会菜单设计时，要根据宾客的要求，在选择多种烹调原材料的基础上，利用各种烹调原材料的特性，变化和创新烹调方法，如炖、熬、烩、焖、烧、蒸、煮、卤、炸、汆、烹等。

### 3. 菜品色彩搭配协调化

菜品的“色、香、味、形”中带给宾客最直观感受的就是“色”，菜品的色彩除了要依靠菜品本身，还需要器皿、配料和调料的衬托和点缀。每一道菜品都是单独上桌的，既需要考虑单个菜品的色彩要赏心悦目，又要考虑在所有菜品上桌形成一个整体，其整体色彩搭配要合理。现在人们越来越重视菜品的原汁原味和食用价值，要避免使用色素较多的菜品，还原原材料本色，尽可能地保存原材料本身的营养价值。

### 4. 菜品形状多样化

宴会菜品的形状可以突出宴会的主题、档次、特色和风味等，菜品形状的多姿多彩可以给宾客带来美的享受。不同菜品的形状根据原材料形状、装盘造型和盛器形状的不同而富有变化。原材料经过刀工的处理可以变成条、块、丁、丝、片等，甚至被制作成各种各样的植物和动物造型，栩栩如生。原材料形状的创意装盘可以增加菜品的文化艺术感，例如，动物造型的“百鸟朝凤”和植物造型的“百花齐放”等，表达了对宴会主办方的美好祝福。盛器的形状和材质多种多样，不同形状的菜品选用不同的盛器，例如，鱼可以选用鱼形的盛器，装盘造型是花型的可以选用花型盛器等。

### 5. 菜品质感差异化

菜品的质感是指菜品所具有的软、硬、嫩、酥、肥、脆、滑、爽、糯等特征。在设计宴会菜单时，要根据宾客的特征和不同的季节设计菜品质感，例如，老年人喜食嫩滑、熟烂、酥软的菜品，年轻人喜食脆硬、酥爽、肥糯的菜品，儿童喜食酥脆、肥香的菜品。同样，在不同的地区和不同的季节，宾客喜食的菜品质感也有一定的变化。

### 6. 菜品种类比例合理化

无论各地饮食习惯和宴会主题、档次存在多大的差异，菜品种类都要搭配得当，比例合理。例如，中餐宴会菜品一般包括冷菜、热菜、汤、主食、点心、水果等，冷菜类可采用一个艺术拼盘再加上 4～10 个围碟，或者 4～8 个双拼或单拼等；热菜类由 1～4 个热炒类、4～8 个大菜类、1～4 个素菜类、1～2 个汤羹类菜品组成；点心类一般由 2～6 个不同品种的菜品组成；水果类可以是一个大果盘或每人一个小果盘，水果切成不同形状。

### 7. 菜品组合科学化

菜品组合主要体现在荤素搭配得当、结构合理、质量与价格成正比、突出季节性四个方面。满足宾客基本的营养需求，不发生明显偏向动物性或植物性原料的倾向；平衡菜品的酸碱度，以免宾客因酸碱度不平衡带来身体不适；菜品的价格要体现出原材料成本和烹调水平的高低，让宾客真正感受到物有所值；根据季节的不同选用适宜当季食用的菜品，例如，春天宜选酸味菜品、夏天宜选苦味菜品、秋天宜选辛味菜品、冬天宜选咸味菜品等。

## 三、宴会菜单设计内容及程序

### 1. 确定宴会标准

宴会标准主要根据市场消费水平和主办方设定的宴会档次而定。宴会标准必然受到当地市场消费水平的影响，一定区域中的整体消费水平越高，举办宴会的标准也越高。即使在同一地区内，主办方的经济条件和举办宴会的目的不同，宴会的标准也不一样，主办方经济条件好或出于非常重要的目的举办的宴会，那么宴会的标准也会高。

### 2. 确定菜单菜品数量

首先要落实菜单结构，中餐宴会的菜单结构以冷菜、热菜、汤、主食、点心、水果这一结构为主，还可以将热菜再细分为热炒菜和大菜，也可以将汤归在热菜中，或将主食和点心归为一类。其次要确定菜单菜品数量，菜品数量可以按照菜单结构分别确定。例如，中餐宴会中的冷菜一般有 6～8 个单盘，热菜包括热炒菜和大菜，一般为 8～14 道；西餐宴会中的开胃品、汤、副菜、主菜、甜食各一份。

### 3. 草拟菜单菜品品种

根据主办方要求，草拟菜单菜品品种，菜品品种的不同主要体现在菜品原材料和烹调方式上，并依据宾客的喜好和习惯确定。菜品所用原材料应多样，尽量不重复使用同一种原材料作为不同菜品的主料，做到荤素搭配合理和冷热搭配适当，荤素比例一般为 3：1～5：2，冷菜占比为 10%～20%；菜品应尽量选择多种烹调方式，从而使品种更加丰富多样。

### 4. 确定菜单菜品品种

符合宾客需求的最佳菜品在实际中不一定能够实施。首先，菜品原材料受到季节和交通等条件的限制，酒店未必能购买到；其次，即使菜品原材料不是问题，但若宾客的需求与酒店的菜品风味相差太多，酒店厨师也未必能达到菜品对烹调技术水平的要求；最后，酒店设备用具的实际情况必须满足菜品品种的要求，才可以做出达到理想烹调效果的菜品。

### 5. 列出菜单清单，编排菜单内容

将确定的菜品品种按照上菜顺序进行排列，并根据菜品品种对菜品和菜单上的其他内容进行编排。首先根据宴会性质和类型确定宴会名称，将其写在菜单正中间的上方；其次根据宴会主题为每一道菜品设计具有寓意的菜名，并在菜名后面注明菜品的主要原材料；标明每桌人数、每桌价格及加收的服务费；最后还要将酒店名称设计在菜单封面上，将酒店的地址、电话、商标符号、经营时间等设计在菜单封底。

### 6. 选择菜单纸张和菜单尺寸

宴会菜单一般属于一次性菜单，可选择轻薄型胶版纸或铜版纸做成单页菜单或折叠型菜单卡。单页菜单尺寸以 30 cm × 40 cm 为宜，对折型双页菜单和三折型三页菜单对折后一页的尺寸为 25 cm × 35 cm。同时，菜单的大小应与宴会的规格、餐桌的大小、餐厅的风格相协调。

### 7. 设计菜单颜色、文字和图片

菜单的文字占整个菜单面积的 50%，文字要简明扼要，准确地向宾客传递信息，有外宾的宴会还需印有英文。一般选用仿宋体或黑体作为菜单正文字体，选择隶书作为菜品类别字体，英文选用印刷体。菜单的颜色和图片能够装饰及美化菜单，使菜单

更具有吸引力，起到推销菜品的作用。菜单颜色要与宴会厅的环境、餐桌和餐具颜色相协调，颜色种类不宜过多，以免显得俗气廉价。菜单图片是主要菜品或特色菜品的介绍和展示，不必为每一道菜品配上图片，图片过多浪费纸张且增加成本，还起不到应有的作用。

8. 设计菜单封面和封底

封面是菜单的门面，所以需要体现出宴会的主题和酒店的特色。封底要标明酒店地址、联系电话、营业时间、商标符号，也可以配上介绍酒店地址的图片。封面和封底的设计要简单大方、主题明确、漂亮实用，突出宴会和酒店风格。

# 学习单元 2　中餐宴会菜单设计

## 一、中餐宴会菜单设计方法

1. 了解宴会菜单服务对象的基本情况

菜单内容是菜单的核心，需要依据菜单服务对象和要求而定，在开始设计菜单之前应核实宴会档次、就餐人数和宾客的餐饮习惯等，以此来确定菜品的数量和质量，满足宾客在营养、口味、烹调和外观等方面的要求。

2. 熟悉厨房基本情况

厨房是实现菜单内容的地方，厨房的设施设备和厨师的技术水平直接影响宴会菜单的设计，所以菜单在设计中不能超出厨房条件和厨师水平。

3. 符合中餐宴会菜单的组成内容和服务顺序

中餐宴会按照服务顺序列出菜单内容，有冷菜、热菜、汤、主食、点心、水果等，菜单内容的各个组成部分要数量合适、荤素搭配、色彩和谐、主题突出，如图 1–1–1 所示。

永结同心—金玉良缘八味碟
情比海深—翅汤珍珠海参羹
永浴爱河—黄油伊面焗龙虾
佳偶天成—金蒜粉丝小鲍鱼
吉祥如意—白灼游水基围虾
鱼水相谐—豉油皇笋壳斑
鸿运年年—黑椒肉蟹炒年糕
丹凤朝阳—虫草花火踵炖土鸡
金榜题名—干菜红焖状元蹄
比翼双飞—香韭脆菇炒目鱼
相亲相爱—海上味道蒸时笋
金玉满堂—翡翠银杏果
春色满园—硕果累累时令蔬
团团圆圆—早生贵子糕
子孙满堂—手工蒸烧麦
龙凤佳果—锦绣鲜果盘

图 1–1–1　某婚宴菜单内容

## 二、中餐宴会菜品品种组合

### 1. 冷菜

冷菜以冷食为主，最先呈现在宾客面前，是宴会正式开始的“前奏曲”，在宾客到来之前便可以上桌。冷菜在外观上形态各异，精致美观，口感干爽可口，激发食欲。冷菜数量依就餐人数而定，荤素用料为 2∶1 或 1∶1。冷菜多以拼盘形式出现，分为主盘和围碟，主盘分为艺术拼盘和什锦拼盘等，围碟有单盘、双拼和三拼等。

### 2. 热菜

热菜是菜单内容的重点，包括热炒、大菜和素菜。热炒在冷菜之后大菜之前，是菜品由冷至热、由小量到大量的中间菜品。热炒一般选用新鲜的水果蔬菜和家禽家畜，采用多种刀工和不同的烹调方法，数量一般为 1～4 道。大菜是整个宴会中最重要的菜品，决定了宴会的档次和菜品质量，非常讲究选材和制作风格，一般选用山珍海味或整形的禽畜类及水产类原材料，采用烧、扒、炖、焖、蒸等烹调方法，每桌宴会一般有 2～4 道大菜菜品。素菜安排在大菜之后，原材料以当季果蔬、菌类和豆制品为主，主要是为了平衡营养、促进食欲和帮助消化，如什锦时蔬等。

### 3. 汤

中餐宴会中汤一般为 1～2 道，汤种类繁多，可以是酸、甜、咸、辣、麻等多种口味。汤的取材原料丰富多样，可以是鸡、鱼、龟等肉类，也可以是紫菜、番茄、青菜等素菜，还可以是汤圆等甜点。

4. 主食和点心

主食以面食和米食为主，面食有面条、包子、饺子、小饼等，米食有米饭、炒饭、海鲜泡饭等，一般选择 1 ~ 2 道。

点心在制作上讲究造型，制作精致，有蛋黄酥、枣糕、茯苓饼、桃酥、红豆饼、月饼等，一般搭配 2 ~ 4 道。

5. 水果

水果可以做成一个大果盘，也可以是每人一份，水果盘一般制作成各式各样的造型，水果种类为 5 ~ 7 种，可选用苹果、香蕉、橙子、西瓜、哈密瓜等时令水果。

## 三、中餐宴会菜品营养组合

营养是维持人体生存和活动的主要动力，碳水化合物、脂肪、蛋白质、维生素、矿物质等营养成分，缺少任何一种都会影响人体的正常运作。人们的日常饮食是获取营养的主要渠道，在选择菜品时必须要注意各个菜品之间的营养组合。中餐宴会菜品营养组合应注意以下问题。

一是不同原材料的菜品营养元素不同，要尽可能多地选取多种原材料，保证营养元素多种多样，避免因偏重山珍海味、忽视蔬果纤维而出现荤菜过多、素菜不足的情况，因为并非价格越昂贵营养价值就越高。根据我国的饮食特点，碳水化合物一般占营养总量的 55% ~ 65%，脂肪占 20% ~ 30%，蛋白质占 10% ~ 15%。同时，不同年龄对营养元素的需求比例也会相应地变化，年龄越大蛋白质和脂肪的比例越要相应减少，反之则要增加。

二是中餐宴会中对菜品的调味要求很高，为了突出口味常常过量添加味精、香料和盐等调味品，使用油炸、煎烤等高温、高油的烹调方法，这样不仅破坏了原材料原有的营养元素，而且造成菜品中的热量、脂肪和胆固醇含量过高。所以应减少口味较重菜品的比重，减少味精等调料的使用量，调整烹调方法，尽量采取快炒、上浆、减少浸泡、少量烹调等方式，尽可能多地保存营养元素。

# 学习单元 3　西餐宴会菜单设计

## 一、西餐宴会菜单设计方法

### 1. 了解宴会菜单服务对象的基本情况

服务对象的基本情况包括宴会的档次和主题、宾客的数量，注意饮食潮流的变化，尤其要注意宾客的饮食习惯、喜好和禁忌。针对外国宾客，西餐宴会的菜品要尽量正宗，符合外国宾客的饮食习惯和要求；针对国内宾客，西餐宴会在菜品上要做到中西结合，适应不同地区人们的饮食习惯和口味。

### 2. 熟悉厨房基本情况

主办方对宴会菜品档次的要求需要以厨房设施设备条件和厨师烹调水平为基础，即西餐宴会菜单必须根据厨房现有的设施设备和厨师烹调水平确定菜品品种、数量和质量。

### 3. 符合西餐宴会菜单的组成内容和服务顺序

西餐宴会的菜单内容主要有开胃菜、汤、副菜、主菜、甜食等，菜单内容各个组成部分的排序要严格按照菜品服务顺序或宾客食用顺序呈现在菜单上（见表 1–1–1）。

表 1–1–1　某西式婚宴菜单内容

| 菜单内容 | |
|---|---|
| 冷菜 | 番茄脆薯沙拉、田园时蔬配秘制酱、花园猪蹄、花色寿司、老醋蛰头、三文鱼刺身 |
| 主菜 | 莫奈酱烤银鳕鱼、宫保脆皮大虾、西式烤牛柳、炭烤羊小排、脆皮吊烧鸡、典藏海山骨、芦笋百合炒木耳、白灼芥蓝 |
| 汤品 | 奶油南瓜汤、酸辣海参汤 |
| 主食 | 黄金鲜虾炒饭、香草意式炒宽面 |
| 甜品 | 巧克力蛋糕、杧果慕斯 |
| 水果 | 精美时令鲜果 |

## 二、西餐宴会菜品品种组合

### 1. 开胃菜

开胃菜有冷开胃菜和热开胃菜之分，分量较少，起到开胃、引起食欲的作用。冷开胃菜一般作为第一道菜，在汤之前，口味较酸；热开胃菜则放在汤之后，口味较浓烈。开胃菜一般为一道菜，成本约占宴会总成本的 20%。

### 2. 汤

汤一般在冷开胃菜之后，味道鲜美。汤分为冷汤、热汤、清汤和浓汤。其中汤盛放在汤盆里，茶类汤盛放在大号咖啡杯内。汤也有开胃和促进食欲的作用，所以有时开胃菜和汤两者选其一即可。汤的制作十分讲究，要求原汁原味，如奶油汤、蔬菜汤、西班牙冻汤等。

### 3. 副菜

副菜以野味和海鲜为主，还有面包类和酥盒类，菜式丰富多彩，烹调方式多种多样，选用 8 in 平盘盛放，也可以用长盘、罐等餐具盛放。

### 4. 主菜

主菜以海鲜、家禽、肉类和面食为主，十分注重菜品的色、香、味、形及营养的配合，装盘讲究、分量较大、色彩丰富，有大、小盘两道，是西餐宴会进行的高潮部分。主菜一般还会配上蔬菜沙拉以辅助主菜的口味，起到增加主菜色彩、调味和点缀的作用。常见的主菜有法国牛排、美式炸鸡、新西兰羊排等。

### 5. 甜食

甜食放在菜单的最后，有饱腹和助消化的作用，菜品主要包括甜点和水果等。其中甜点有各式蛋糕、西饼、布丁、冰激凌等，分量较少。水果一般每人一份或一桌一份，种类为 3 ~ 4 种。甜食成本占宴会总成本的 20% 左右。

## 三、西餐宴会菜品营养组合

与中餐不同，西餐由于自然条件、历史文化、风俗习惯等的不同，形成了不同风味的品类。在西餐宴会菜品营养组合中应注意以下问题。

一是西餐尤其在发达国家的西餐，多以肉类为主要烹调原材料，以食糖为主要烹调调料，具有高油脂、高糖量、少碳水化合物的特点，这会导致营养摄入过多、营养元素种类单一的现象。所以要增加蔬果等膳食纤维和维生素等营养元素含量较高的食材，平衡多种营养元素摄入量，达到营养摄入均衡的目的。

二是与中餐相比，西餐对食材的加工较少，蔬果常常采用凉拌的方法，所以需要做好食材的保存工作，保证营养价值。要减少日晒和热空气对水分的蒸发作用，减少浸泡时间，以免造成水溶性蛋白质和维生素溶解于水中。

三是注意配菜得当，以有利于食物的消化和吸收为原则。

## 四、鸡尾酒会菜单设计

鸡尾酒会是 18 世纪流行于欧美的一种传统宴会活动形式，后传入我国并流行。鸡尾酒会一般不设座椅，宾客站立用餐。鸡尾酒会形式灵活自由，气氛活跃无拘束，举办时间灵活，可以在正餐前也可以在正餐后举办。鸡尾酒会适用面广，简便易行，适用于朋友聚会、开业典礼、庆祝庆贺、商务交易等场合。

1. 在鸡尾酒会菜单设计前，要了解鸡尾酒会的主题、规格、举办的具体时间、季节特征、宾客人数、宾客需求和要求等基本情况，确定菜品品种和菜品数量。人数越多，菜品应越丰富；规模越大，菜台布置应越讲究。

2. 菜单设计过程中需向厨房要求冰块、各种鲜果汁和其他饮料要准备充足，原材料上尽量少用或不用易产生口腔异味的食物，如韭菜、大蒜、洋葱等。菜品要清爽不油腻、不带汤水，不勾芡、不焦煳，口味不宜过于刺激，不宜太酸、太甜、太辣。选用不带骨、无壳、无筋的原材料，小巧精致，方便取用，以一口为标准。

3. 菜单内容主要包括冷菜类、干果类、热菜类、现场切肉类、绕场服务小吃、甜点及水果类、配酒料等。其中，以冷菜、干果、点心、水果和简易热菜为主，如鹅肝酱、什锦冷盘、开心果、巴旦木、葡萄干、小面包、法式小饼、季节水果、椒盐里脊、春卷、鸡肉起酥盅等。同时，在进行现场切肉类服务时，要注意肉块大小适中，以方便宾客品尝（见表 1–1–2）。

表 1-1-2　某鸡尾酒会菜单内容

| 菜单内容 | |
|---|---|
| 点心 | 开拿批拼盘、鱼子酱生鲜蔬菜杯、什锦寿司、咖喱肉丸、鹅肝串、蜗牛培根卷、肠仔花、扒鸡翅、芝士培根焗土豆、什锦干果、草莓慕斯蛋糕、什锦曲奇、蛋挞、鲜果等 |
| 绕场小吃 | 酿馅蘑菇、黑森林蛋糕等 |
| 酒水 | 鸡尾酒、饮料等 |

## 五、冷餐会菜单设计

冷餐会不受正式宴会规则和程序的约束，内容丰富多彩，活动轻松自由。

1. 在冷餐会菜单设计前，要了解冷餐会的主题、规格、季节特征、宾客人数、宾客需求和要求等基本情况，确定菜品品种和菜品数量。根据不同国家和地区的风土人情、饮食习惯设计不同风格的菜单，菜品数量要与冷餐会规模相对等，餐台布置要与冷餐会规格相吻合。

2. 冷餐会的特点是以冷菜为主热菜为辅，厨房在选择原材料时要注意新鲜卫生，种类丰富，风格多样。冷餐会的规模可大可小，宾客通常 50 ~ 500 人不等，菜品数量可多可少，多时有 100 种，少时则有 20 ~ 50 种。

3. 冷餐会菜品种类丰富，有冷菜类、沙拉类、热菜类、汤类、甜品类、面包类、水果类、饮料类等。菜品中冷菜比例占 60% 左右，热菜占 20%，点心约占 15%，水果占 5% 左右。其中冷菜类最多，以冷冻肉等菜品为主，如三文鱼刺身、火腿奶酪卷等。沙拉类有土豆沙拉、苹果沙拉等。热菜主要安排烩类和焖类菜品，汤类有海鲜浓汤、罗宋汤等，甜品有拿破仑饼、各式蛋糕等，面包类有法式餐包、香肠面包等，水果多采用水果拼盘的形式。酒水种类繁多，但酒水度数一般不会很高（见表 1-1-3）。

表 1-1-3　某冷餐会菜单内容

| 菜单内容 | |
|---|---|
| 冷菜 | 什锦肉芝士盘、烟熏三文鱼、意大利风干牛肉、大虾鸡尾杯、蜜瓜帕玛腿、腌火鸡片、香草腌肉焗鲜蚝、什锦沙拉、厨师沙拉、恺撒沙拉、烧鸭沙拉、虾仁沙拉、意式三明治、牛肉三明治、鸡肉三明治、法式三明治、香肠三明治 |
| 汤类 | 法式洋葱汤、奶油蘑菇汤、海鲜浓汤 |
| 面包 | 法式面包、甜餐包、硬餐包 |

续表

| 菜单内容 | |
|---|---|
| 热菜 | 美式炸鸡、烧新西兰羊扒、芥末汁猪扒、香煎鳕鱼配柠檬黄油汁、蜗牛培根卷、猪肉酥皮卷、鹅肝串 |
| 甜品 | 巧克力慕斯、水果挞、焦糖布丁、苹果派、香杧布丁、什锦曲奇、各式蛋糕、各式雪糕 |
| 鲜果 | 甜瓜、香蕉、西瓜、火龙果等 |
| 酒水 | 啤酒、橙汁、咖啡、可乐等 |

# 课程 1–2　就餐环境设计布置

## 学习内容

| 学习单元 | 课程内容 | 培训建议 | 课堂学时 |
|---|---|---|---|
| （1）大型宴会环境设计与布置要求 | 1）大型宴会特点<br>2）大型宴会设计与布置要求 | （1）方法：讲授法<br>（2）重点与难点：大型宴会环境设计与布置要求 | 4 |
| （2）大型鸡尾酒会环境设计与布置 | 1）大型鸡尾酒会环境设计<br>2）大型鸡尾酒会环境布置 | （1）方法：项目教学法<br>（2）重点与难点：大型鸡尾酒会环境设计与布置 | 3 |
| （3）大型冷餐会环境设计与布置 | 1）大型冷餐会环境设计<br>2）大型冷餐会环境布置 | （1）方法：项目教学法<br>（2）重点与难点：大型冷餐会环境设计与布置 | 3 |
| （4）大型茶话会环境设计与布置 | 1）大型茶话会环境设计<br>2）大型茶话会环境布置 | （1）方法：项目教学法<br>（2）重点与难点：大型茶话会环境设计与布置 | 3 |

# 学习单元 1　大型宴会环境设计与布置要求

## 一、大型宴会特点

根据宴会桌数分类，30 桌以上的宴会称为大型宴会，它在宾客人数、场地面积、主办方要求等方面具有以下特点。

1. 大型宴会宾客人数多，来源广，可能来自不同的国家和地区，还有可能由政府人员、商业人员、各种组织人员等组成。

2. 大型宴会需要的场地面积较大，一般都是在酒店最大的宴会厅举办，不仅布置和设计的面积大，而且准备和调制的设施设备多。

3. 大型宴会一般都需要提前较长的时间进行预订，一方面要为宴会厅的准备工作留下充足的时间，另一方面服务人员也有足够的时间对宴会进行调整和完善。

4. 大型宴会所需准备的各种餐用具、宴会厅布置用品、主办方特殊要求用品、用具等较多，必须提前准备。

5. 在服务的过程中，宾客的要求可能多种多样，需要服务员提前做好培训工作和准备工作，尽可能多地考虑可能遇到的特殊情况。

6. 大型宴会不仅能给酒店带来较多的经济收入，也是对酒店的一次大规模宣传，宴会的成功举办可以提高酒店的知名度和整体形象。

## 二、大型宴会设计与布置要求

### 1. 大型宴会环境的设计要求

大型宴会的宾客人数众多，要根据宴会厅的空间分布，合理安排桌子摆放位置，使空间环境协调均衡，使宾客感受到舒适且规模一致的活动空间。同时要为服务人员留出合理的服务路线和足够的服务空间。

大型宴会的宾客人员复杂，要充分了解主办方和宾客的构成，避免发生敏感问题和矛盾。例如，针对外宾的大型国宴或者政府接待性宴会中，要按照国际惯例正确悬挂国旗、条幅和横幅等，摆放合适的鲜花、绿植，选择正确的颜色作为环境主色调。

大型宴会的举办是因为某一重要的原因，其目的明确，主题突出，如庆典、开幕、重要宴请等，宴会环境设计时所涉及的所有因素都要符合主题要求，这些因素包括地面、墙面、台面、天花板、桌椅、装饰物、绿植、灯光等，做到整体协调一致、鲜明新颖、气派典雅。

### 2. 大型宴会环境的布置要求

举办大型宴会的场所一般是酒店中最大的宴会厅，场地面积大而空旷，需要在局部地方做点缀和填充工作以配合环境布置，所选用的物品要符合主办方要求和宴会主题，可以是盆景、屏风、艺术雕刻造型和立体宣传栏等。

大型宴会举办的目的不同，需要强调的内容也不同，但在环境布置时首先要突出主席台的位置，主席台悬挂“热烈欢迎……”或“热烈庆祝……”等横幅或条幅，主席台四周用搭配协调的绿植围起来。其次，要突出主桌，主桌一般摆放在主席台的正下方，并与四周其他宾客的餐桌之间有较大的空间。

大型宴会的宾客人数众多，在宴会环境布置时一定要预留出安全通道，确保安全通道的宽度和畅通，保证在发生紧急情况时，宾客能够有序、顺利地离开宴会厅并撤离到安全的地方。

# 学习单元 2　大型鸡尾酒会环境设计与布置

## 一、大型鸡尾酒会环境设计

鸡尾酒会不仅可以营造一种欢快活泼、简单自由的环境氛围，还可以花较少的成本宴请更多的宾客，是目前较为流行的宴请方式。鸡尾酒会适合于聚会、庆祝、典礼、纪念等各种场合，主题适合用面广。鸡尾酒会的环境设计一般要按照鸡尾酒会的主题来确定，所以主题成为影响其环境设计的重要因素。例如，某化妆品公司的鸡尾酒会，在会场上可以按照公司化妆品的不同系列、不同用途等进行分类摆放，同时展示各种化妆品的产品、模型、宣传栏、宣传画册等。在某一节日的鸡尾酒会上，可以将代表这个节日的具有象征意义的物品摆放出来，如圣诞节可以摆放圣诞树、圣诞老人玩偶等。

## 二、大型鸡尾酒会环境布置

与其他大型宴会不同，大型鸡尾酒会一般不设座椅，只放置小桌或茶几供宾客偶尔放置酒杯等物品。有些鸡尾酒会上会设有数个座椅，这主要是为了供不方便的宾客或其他特殊宾客使用。

根据主办方要求，大型鸡尾酒会一般设有签到台、演说台，安装有话筒、摄影机等，要做到位置摆放合理，体现大型鸡尾酒会规格。宴会厅中的酒台、餐台、主宾席区和主台分布协调，每个分布区域之间以及宴会厅四周可以用绿植盆栽进行点缀，以增加鸡尾酒会优美和谐、浪漫舒适的环境氛围。

鸡尾酒会不需要太亮的灯光来照明，如果宴会厅中的灯光是可调节的，则整体的灯光亮度应设置在 3～4 段；如果宴会厅中的灯光不可调节，可以用薄布等遮挡物遮挡光线，削弱灯光亮度，为鸡尾酒会创造一个唯美舒适、让人陶醉的气氛。此外，鸡尾酒会上宾客到来和离开的时间不受约束，较暗的灯光可以避免打扰其他宾客。

【案例】×× 公司在酒店以大型鸡尾酒会的形式举办新年晚会，邀请公司所有员工前来参加。酒店接到任务后，根据 ×× 公司负责人的要求，在就餐环境设计与布置上给出以下方案（见表 1-2-1）。

表 1-2-1　×× 公司大型鸡尾酒会就餐环境设计与布置

| 项目 | 内容 |
|---|---|
| 灯光 | 在主席台和舞台上方安装霓虹灯，用彩光营造热情的气氛，在领导或重要嘉宾讲话和表演时选用追光灯，在餐桌上放置蜡烛，打开顶部的筒灯和墙壁上的壁灯 |
| 色彩 | 采用以蓝色为主的冷色调，体现在墙面、地毯、台布、台裙、椅套、餐酒具上，营造出自由轻松的环境 |
| 装饰物 | 舞台所靠墙面为背景墙，悬挂 ×× 公司标识和新年晚会横幅，舞台两侧分别摆放绿色植物，其他墙面悬挂蓝色帷幔，帷幔上粘贴公司发展历程宣传画和主要员工代表照片，门口两侧摆放绿色植物和指示牌并安排一个蓝色的气球拱门 |
| 音乐 | 以轻松自由的轻音乐为主，如 *Cocktail Party*，*Soul Bossa Nova*，*Genius of Love*，*Vibrationz* 等 |
| 温、湿度 | 温度为 21～24℃，湿度为 40%～60% |
| 其他 | 在舞台两侧放置两个泡泡机，邀请专业的表演团队演奏乐曲、表演舞蹈和魔术等节目 |

# 学习单元 3　大型冷餐会环境设计与布置

## 一、大型冷餐会环境设计

大型冷餐会是中、西餐饮文化交流融合后产生的一种中西合璧的宴请方式，无论是宴会主题、宴会环境还是宴会档次，大型冷餐会都比较讲究。与大型鸡尾酒会相似，大型冷餐会可以用于聚会、庆祝、典礼、纪念等各种场合，在环境设计时也是以主题作为主要的区分因素。例如，在婚宴公司的冷餐会上，宴会厅的整体环境可以以婚礼为主题，布置成婚礼举办时的场景，有结婚拱门和走廊、大量鲜花、灯光柔和浪漫、色彩绚丽多彩。

## 二、大型冷餐会环境布置

根据主办方要求和宴会厅的场地情况，合理分布和设置主宾席区、其他宾客区、餐台等。同鸡尾酒会一样，大型冷餐会一般也设有签到台、演说台，配有话筒、摄影机等。

就餐环境以明快色调和暖色灯光为主，从地面、墙面、天花板、装饰物等方面凸显柔和优美的色彩，不同的区域选择不同的暖色调颜色。例如，在现场烤肉区可以选择类似于肉质颜色的粉红色，以增加肉质的鲜美感。

背景音乐适宜选择舒缓悠扬的传统音乐，音量适中，营造一种舒适宜人的环境氛围。如以某一节日为主题的大型冷餐会，可以选择与节日相关的音乐作为背景音乐，为冷餐会环境渲染气氛。

【案例】×× 集团在酒店举办年度颁奖晚会暨大型冷餐会，邀请集团重要领导和所有员工参加，酒店根据 ×× 集团负责人的要求，在就餐环境设计与布置上给出以下方案（见表 1-2-2）。

表 1-2-2　××集团大型冷餐会就餐环境设计与布置

| 项目 | 内容 |
| --- | --- |
| 灯光 | 选用宴会厅的水晶吊灯、射灯和追光灯，光线以明亮的白炽灯光为主，搭配柔和的黄光，营造精致典雅的氛围 |
| 色彩 | 以黄色和橙色等暖色调为主，营造热烈欢快的气氛，台布、椅套、窗帘、餐酒具都选用暖色调 |
| 装饰物 | 舞台背后墙面悬挂集团标识和本次冷餐会主题横幅，两侧摆放大型动物模型、丝兰树，其他墙面悬挂本次获奖员工照片，并用薄纱遮挡住，颁奖时再一一揭开。门口用金色气球做成拱门，一侧摆放本次冷餐会指示牌和宣传画 |
| 音乐 | 选择舒缓悠扬的传统音乐，如 *November Rain*，*Coming Home*，*Blue Dream*，*Summer*，*The Voice* 等 |
| 温、湿度 | 温度为 21～24℃，湿度为 40%～60% |
| 其他 | 邀请专业的表演团队演奏乐曲、表演舞蹈和魔术等节目 |

# 学习单元 4　大型茶话会环境设计与布置

## 一、大型茶话会环境设计

大型茶话会是一种以点心和茶水为主要食物的一种非常简便的宴会形式。茶话会简单易准备，越来越符合现代人对简洁明了形式的要求，可以用于重大节庆日、招待离退休老干部、非正式交流会或讨论会、谈心表达情谊等主题活动，也可以用于商议国家大事、招待外国使节、庆典活动等主题活动。酒店根据大型茶话会的主题进行不同的环境设计，且不断推陈出新。

## 二、大型茶话会环境布置

在进行大型茶话会环境布置时，一般会选用绿植作为主要装饰物，与茶文化相映成趣，营造一种和谐的氛围。茶话会根据季节的变化和宾客饮茶习惯的不同，选用不同的茶供宾客饮用，例如，春夏秋季饮用绿茶，冬季饮用红茶，欧美宾客饮用红茶，日本及东南亚宾客饮用绿茶。同样，布置环境所用的绿植也应随季节的变化而变化，多选用当季的绿植，例如，春季可用明黄的迎春花，夏季可用能带来丝丝凉意的荷花和清幽雅致的茉莉，秋季选用月季和菊花，冬季选用暗香浮动的蜡梅等。招待外宾时，可以选用其国家喜爱的绿植，切忌使用该国忌讳的绿植。

【案例】×× 集团在酒店举办大型茶话会，邀请分公司的各个部门领导和重要管理层人员参加，讨论本年度集团发展情况以及下一年集团发展前景和计划。酒店根据 ×× 集团负责人的要求，在就餐环境设计与布置上给出以下方案（见表 1-2-3）。

表 1-2-3　×× 集团大型茶话会就餐环境设计与布置

| 项目 | 内容 |
| --- | --- |
| 灯光 | 选用宴会厅的吊灯和壁灯，光线以自然光为主，有表演时采用黄色系的暖光 |
| 色彩 | 色彩以黄色等暖色调为主，搭配生机勃勃的绿色 |
| 装饰物 | 搭配古典风格的中国传统装饰物，墙壁上挂有中国山水画，门口摆放一扇屏风，椅垫用棉麻材质，舞台背景由扇面模型、绿植模型、假山模型组成，两侧分别摆放茶桌、茶具、书桌和文房四宝，餐桌上摆放中式插花 |
| 音乐 | 背景音乐采用中国传统经典轻音乐，如《渔舟唱晚》《春江花月夜》《琵琶吟》《梅花三弄》《平沙落雁》等 |
| 温、湿度 | 温度为 21～24℃，湿度为 40%～60% |
| 其他 | 邀请酒店茶艺师表演茶艺，邀请乐队演奏古筝和琵琶 |

# 课程 1-3　餐台设计布置

## 学习内容

| 学习单元 | 课程内容 | 培训建议 | 课堂学时 |
| --- | --- | --- | --- |
| （1）大型宴会台型设计 | 1）大型宴会台型设计要求<br>2）大型中餐宴会台型设计方法<br>3）大型西餐宴会台型设计方法 | （1）方法：项目教学法<br>（2）重点与难点：大型宴会台型布局的设计 | 2 |

续表

<table>
<tr><th>学习单元</th><th>课程内容</th><th>培训建议</th><th>课堂学时</th></tr>
<tr><td rowspan="2">（2）台型设计方案撰写</td><td>1）台型设计方案撰写要求</td><td rowspan="2">（1）方法：项目教学法<br>（2）重点与难点：大型宴会台型布局设计方案的编制与撰写</td><td rowspan="2">2</td></tr>
<tr><td>2）台型设计方案撰写方法</td></tr>
<tr><td>（3）鸡尾酒会台型设计及布置</td><td>鸡尾酒会台型设计及布置</td><td>（1）方法：项目教学法<br>（2）重点与难点：鸡尾酒会台型的设计与布置</td><td>2</td></tr>
<tr><td rowspan="2">（4）冷餐会台型设计及布置</td><td>1）冷餐会台型设计及布置</td><td rowspan="2">（1）方法：项目教学法<br>（2）重点与难点：冷餐会菜台设计与布置</td><td rowspan="2">3</td></tr>
<tr><td>2）冷餐会菜台设计及布置</td></tr>
<tr><td rowspan="5">（5）茶话会台型设计及布置</td><td>1）环绕式台型设计及布置</td><td rowspan="5">（1）方法：项目教学法<br>（2）重点与难点：茶话会台型布局设计与台面布置</td><td rowspan="5">3</td></tr>
<tr><td>2）散座式台型设计及布置</td></tr>
<tr><td>3）圆桌式台型设计及布置</td></tr>
<tr><td>4）主席式台型设计及布置</td></tr>
<tr><td>5）大型茶话会台面布置</td></tr>
</table>

# 学习单元 1　大型宴会台型设计

## 一、大型宴会台型设计要求

由于大型宴会需要服务的宾客人数多、宴会餐桌数量多、服务人员数量多，所以在设计宴会台型时，需要注意和满足的要求也相对较多。

### 1. 满足宾客活动的需要

宾客之间交流和互动是宴会非常重要的组成部分，大型宴会中宾客人数众多，餐桌及餐桌之间交流和互动的次数频繁，各餐桌之间的宾客通常会发生敬酒和来回走动的情况，所以要为宾客留出方便走动的通道。

### 2. 各餐桌合理摆放

根据场地大小和形状决定餐桌的摆放，做到整体美观紧凑，主宾席区一般设置五桌，一主四副，来宾席区可根据宾客数量设置数个。来宾席餐桌间要留有通道，主宾席区与来宾席区之间要留有一条相对更宽敞的通道。同时要考虑特殊情况下的疏散，如火灾、地震等，所以要在靠近安全通道和进出口处安排较少的餐桌，以方便宾客疏散。

### 3. 方便服务人员提供服务

台型设计得好，不仅能够方便宾客，也有利于服务人员为宾客提供服务，保证服务人员为每桌宾客提供服务时能够较为轻松便捷地到达每张餐桌，并且固定为每桌提供服务。只有方便了服务人员，才能提高服务人员的服务效率，更好地满足宾客的要求，也有利于服务人员保持良好的服务心情和服务态度。

### 4. 合理安排工作台和其他场地

工作台是大型宴会餐桌的必备设施，主桌一般要有专门的工作台，其他各桌可以根据具体情况设立数个工作台。主桌的工作台设立在距离主桌最近的地方，其他各餐桌按照不同的区域进行划分，每个区域设立一个工作台，这个工作台与区域内的每个餐桌的距离都要适当。所有的工作台一般都放在宴会厅四周，以免妨碍宾客之间的交流互动。如果宴会有演出等活动，还需预留出活动所需的场地，工作台一般安排在主宾席两侧或主桌后方。

### 5. 协调台型与宴会厅环境

大型宴会的正常举办需要用到宴会厅内的各种服务设施设备，所以在布置宴会台型时，要考虑讲台和话筒的位置、灯光的分布、背景板的区域、鲜花植物等装饰物的摆放等。讲台和话筒要靠近主桌和活动区域；餐桌需选择较亮的光源，可摆放在灯光下方；背景板和鲜花植物一般放在餐桌四周。

## 二、大型中餐宴会台型设计方法

### 1. 根据宴会厅的形状设计好相应的台型

中餐宴会一般使用圆形餐桌，在台型布置时根据宴会厅的大小和形状，同时考虑餐桌数量，做到不挤不空，除主桌外，其他餐桌还需做到均匀分布，整齐统一。若宴会厅中柱子及其他建筑物较多，台型布置时要尽量避开，并设计出适当的台型。

### 2. 根据台型和宴会厅布局选好主桌位置

主桌的位置要结合宴会厅的内部结构、宴会厅大门的朝向和背景墙等因素，主桌一般要面对大门，背靠背景墙。在台型布局中，主桌的位置要突出明显，例如，主桌单独成行或主桌在其他餐桌的中心，扩大主桌的活动空间等。

### 3. 根据台型要求做到整齐美观

宴会台型在排列上要合理布局，整齐有序，整体对称，间隔适当，餐桌的桌角和椅子应在一条线上，餐桌上摆放的餐具和花台也要在一条线上。

### 4. 根据餐桌数量合理组织台型

宴会餐桌的直径一般为 1.8 ~ 2.2 m，通常以 10 ~ 16 人为一桌，特大型的圆形餐桌每桌可以坐 20 ~ 24 人。餐桌直径越大，每张餐桌可以坐的人数越多，但主桌的餐桌一般较大且周边空间较宽松，以方便宾客的活动和服务人员的服务工作。

## 三、大型西餐宴会台型设计方法

### 1. 根据西餐宴会规则设计台型

根据宴会规模和出席人数选择合适的西餐宴会台型，尽量做到突出主桌和主宾区域，留出较为宽敞的活动通道，保证宾客活动舒适自由和服务人员服务方便快捷。

### 2. 利用不同餐桌的形状设计台型

与中餐宴会餐桌不同，西餐宴会餐桌的形状除了圆形，还有正方形和长方形等，也可以将不同形状、不同大小的餐桌进行有机组合，巧妙搭配，合理拼接，形成不同形状的西餐宴会台型，既可以为宾客提供丰富多样的台型，又有利于充分利用宴会厅的空间。

3. 利用装饰物等划分餐桌区域

在大型的西餐宴会厅内按照不同的功能进行区域划分，通常采用屏风和花草植物等物品将宴会厅划分为讲台、主宾区域、其他各餐桌分区，有时还可以设舞台区等。无论将宴会厅分为几个区域，都要做到整体协调美观，给宾客以舒适方便的感觉。

# 学习单元 2　台型设计方案撰写

## 一、台型设计方案撰写要求

1. 表达主办方意愿

根据主办方宾客的数量、国籍、民族、饮食习惯、特殊需求等情况，以及主办方举办宴会的目的确定宴会台型主题，选择适宜的台型，可以是中餐宴会台型、西餐宴会台型、鸡尾酒会台型、冷餐会台型、茶话会台型等。

2. 符合酒店实际情况

不同酒店的实际情况不一样，主办方在提出预订和要求后，酒店要认真核实是否能够满足主办方的要求。例如，主办方要预订 50 桌的中餐厅，要求有一个主席台和一个舞台，酒店要确定是否有足够大的场地，是否配有舞台等。

3. 内容丰富、全面

台型设计方案撰写所涵盖的内容要全面多样，包括区域划分、主桌或主宾席区、其他宾客餐桌的排列、辅助区域、餐桌摆放形状、编制台号、画出宴会台型平面图等。

4. 安排紧凑有序

在台型设计时，要将宴会厅划分成不同的区域进行台型的设计和布置，宴会厅整体和不同区域按照从大到小的顺序进行设计，做到分工明确，相互协调，能够顺利有序地完成。

## 二、台型设计方案撰写方法

1. 符合台型设计原则

中餐宴会台型设计的原则是“中心第一、先右后左、高近低远、方便合理”，西餐宴会台型设计原则是“突出主桌、先右后左、左右对称、出入方便”，冷餐会台型设计原则是“分区合理、方便取餐、突出主题、注意细节”。

2. 划分区域设计台型布局

根据宴会厅的结构形状、面积大小、宴会桌数、宴会规格等因素进行空间区域的划分，宴会区域一般可以分为就餐区域和辅助区域。安排就餐区域时要将主宾席区和其他宾客席区分开，突出主桌；辅助区域包括签名台、备餐台、酒水台、主席台、演出区域、绿化区域等。

3. 根据主办方要求突出主桌

主桌一般设在面对大门、背靠主题墙面的位置，如果受到宴会厅场地的限制，也可以将主桌安排在大门左侧或右侧的中间，将面向大门的通道作为主通道。主桌台面在大小上要大于其他宾客餐桌的台面。

4. 选择或编制台型

根据主办方宾客的人数和桌数，选择合适的餐桌，要求大小、颜色和风格一致。台型布局设计要根据宴会厅实际，不能过于拥挤或过于稀疏，做到合理布局、整齐划一、间隔适当、左右对称，特殊情况特殊处理，主桌的布局可以另外设计。根据国际惯例或当地风俗习惯编排台号，每张餐桌都应有台号，台号一般放置在餐桌中央或餐台中间靠近餐台内侧处。

5. 绘制图形

宴会正式布置前，要把台型设计图绘制出来，写出图例说明，方便布置人员进行布置和安排；绘制好台号位置图，方便宴会当天宾客查找餐桌号码和位置。

# 学习单元 3　鸡尾酒会台型设计及布置

## 鸡尾酒会台型设计及布置

1. 鸡尾酒会中宾客以站姿进餐，所以通常不摆放桌椅，不设置主宾席区，也不设置菜台，只在宴会厅的左、右两侧摆放基本的酒台和一些小圆桌或茶几，供服务人员送酒和备餐用，这也是鸡尾酒会场地设计中的重点。

2. 酒吧台是鸡尾酒会台型设计和布置的核心，酒吧台旁一般配有放置酒杯的辅助桌，酒吧台连同辅助桌一并摆放在靠近入口处的位置，较为醒目，以方便宾客找寻。如果鸡尾酒会上的宾客人数较多，一张酒吧台不够用时，应在会场最里面另设一个酒吧台，以缓解入口处酒吧台的拥挤，服务人员要将部分宾客引导到该酒吧台。除此之外，还需要设置一些辅助的小圆桌，用来摆放蜡烛、花等装饰物品，花生和腰果等食物，以及宾客使用的餐盘和酒杯等。

3. 根据主办方的意愿和要求，鸡尾酒会的流程中若设有主办方讲话、乐队演奏、舞蹈演出等活动环节，要设计和布置好主席台或舞台，并设计符合鸡尾酒会主题的舞台背景。

【案例】×× 集团为了庆祝新品发布会的成功举办，在酒店举办大型鸡尾酒会。酒店为其专门设计了鸡尾酒会台型，如图 1-3-1 所示。

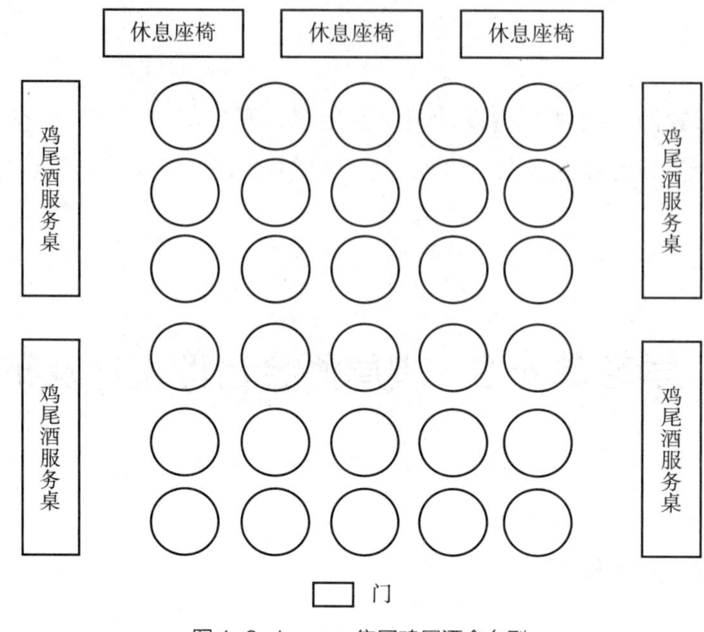


图 1-3-1　××集团鸡尾酒会台型

# 学习单元 4　冷餐会台型设计及布置

## 一、冷餐会台型设计及布置

冷餐会的台型布局要根据宴会厅的形状和面积、宾客人数、菜品种类和数量等因素来考虑，保证有足够的空间布置菜台和独立供应摊位。为了避免宾客排队用餐，菜台数量需满足宾客在用餐数量上的需求，独立供应摊位数量应足够多，以免宾客拥挤。

1. 设座式冷餐会台型设计。根据宾客的数量安排餐桌和椅子，摆放整齐美观，不可过密，一般小圆桌搭配六把椅子，十人桌搭配十把椅子，也可以根据宾客数量使用 12 ~ 24 人的大圆桌或长条桌。餐桌上的服务用品数量齐全，摆放标准。根据宾客数量和桌椅位置确定酒水饮料服务桌的位置以及酒水饮料的数量。如有重要宾客参加，需设立主宾席区，按照正规宴会的台型布置，使用常见的中餐圆桌或西餐长桌，服务流程与中西餐宴会一致。

2. 不设座式冷餐会台型设计。根据宾客人数和菜品数量在宴会厅中间摆放长桌或在宴会厅四周摆放若干组菜台，菜台四周摆放小圆桌或小方桌，并设置若干酒水台。不设座式冷餐会一般不摆放座椅，若摆放少量座椅则是供女宾和年老体弱者使用的。同时，不设座式冷餐会通常不设主宾席区，若需要则可在宴会厅靠舞台或背景墙的地方设立大圆桌或长条桌，摆放沙发或带扶手的座椅，每三个沙发或座椅配上一个大茶几。

## 二、冷餐会菜台设计及布置

1. 通常情况下，每 80 ~ 120 人设一组菜台，宾客人数在 500 人以上时，则每 150 人设一组菜台。菜台上可摆放成冷菜部分、热菜部分及点心、水果部分。当宾客人数较少时，各部分菜品可集中摆放在一起；当宾客人数较多时，各部分菜品可以分菜台、分位置摆放。摆放时荤素搭配、口味调和、颜色协调、美观新颖。

2. 在菜台旁边留出位置摆放放置餐盘、碗筷等餐具的餐桌，根据宾客人数预备餐具数量，保证餐具数量充足，根据宾客使用情况随时准备补充。

3. 菜台和摆放餐具的餐桌要用与主题颜色相搭配的台布和台裙围起来，菜台上可以用鲜花、盆景、冰雕、面塑、糖艺等装饰物，巧妙地安插在菜品之间，从而增加菜台的艺术性。

【案例】×× 公司为了庆祝成功上市，在酒店举办大型冷餐会。酒店为其专门设计了冷餐会台型，如图 1-3-2 所示。

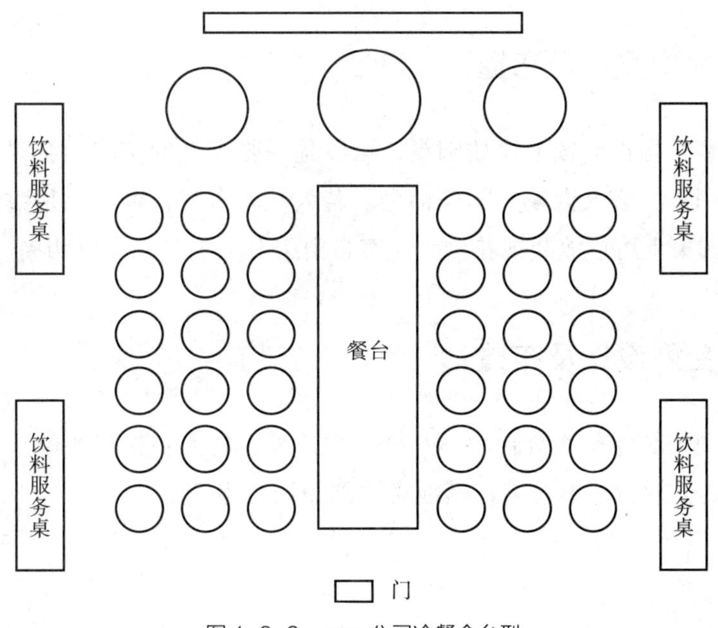


图 1-3-2　×× 公司冷餐会台型

# 学习单元 5　茶话会台型设计及布置

## 一、环绕式台型设计及布置

环绕式台型是指不设立主席台，椅子、沙发、茶几摆放在会场的四周，没有座次顺序，宴会宾客可随意自由入座，宾客更加自在舒适，是目前较为流行且与茶话会主题最相符的台型。

## 二、散座式台型设计及布置

散座式台型多用于室外举行的茶话会，椅子、沙发、茶几分散在四处，也可以按照宾客个人的意愿自行调整和放置，这样更加有利于宾客之间的交谈和沟通，也为宾客营造了一种惬意宽松的环境。

## 三、圆桌式台型设计及布置

圆桌式台型是指在会场上摆放圆桌，可以是一张大型的椭圆形会议桌，摆放在会场正中央，适用于宾客人数较少的茶话会。若人数较多时，也可以是数张圆桌分开摆放在会场上。圆桌上可摆放装饰花台，宾客自由组合，围坐于圆桌四周。

## 四、主席式台型设计及布置

主席式台型与其他茶话会台型不一样，主持人、主人和主宾的位置有意识地被提前安排好，可提前放置好席位卡，其他宾客则随意就座。

## 五、大型茶话会台面布置

大型茶话会台面布置内容较少，布置程序较为简单，台面上一般不上主食，不安排品酒，只提供茶点。在茶水的提供上，应为宾客精心准备上等的茶具和茶叶。茶具以陶瓷茶具最佳，各个茶具摆放正确雅致。茶叶的选择应根据季节和宾客喜好而定。除了茶水，点心、水果和地方风味小吃可作为茶水的辅助食品，品种适量，数量充足，摆放时注意方便宾客取拿。此外，台面上还需要摆放毛巾碟、小手巾、小餐碟、水果叉、牙签和烟灰缸等物品。

模块 2

# 餐厅管理

- 课程 2-1　成本管理
- 课程 2-2　服务质量管理

# 课程设置

| 课程 | 学习单元 | 课堂学时 |
| --- | --- | --- |
| 2-1　成本管理 | 餐厅经营成本核算方法 | 4 |
| 2-2　服务质量管理 | （1）常见餐厅突发事件及应急预案 | 3 |
| | （2）餐厅突发事件处理 | 2 |
| | （3）服务质量督导 | 3 |
| | （4）餐饮服务质量的分析与改进 | 4 |

## 课程 2-1　成本管理

### 学习内容

| 学习单元 | 课程内容 | 培训建议 | 课堂学时 |
| --- | --- | --- | --- |
| 餐厅经营成本核算方法 | 1）餐厅成本的划分 | （1）方法：讲授法、实训法<br>（2）重点与难点：中、西餐厅的经营成本核算方法 | 4 |
| | 2）餐厅成本的特点 | | |
| | 3）餐饮企业成本控制 | | |
| | 4）餐厅经营成本核算 | | |
| | 5）中餐厅经营成本核算 | | |
| | 6）西餐厅经营成本核算 | | |

# 学习单元　餐厅经营成本核算方法

## 一、餐厅成本的划分

### 1. 固定成本和变动成本

固定成本是指在一定业务范围内，总量不随产量或销售量的增减而相应变动的成本。即使产品产量或销售量发生较大变化，固定成本开支的绝对额也保持相对稳定，如餐厅员工工资、设施设备折旧费、餐厅管理费等，这些成本无论餐饮产品销售量的大小都会照常发生。

变动成本是指随着产品产量或销售量的变动而相应变动的成本，产品产量或销售量增减的幅度越大，其变动的幅度也会越大，如原材料成本、食品饮料成本、水电和燃料费用、洗涤费、餐巾纸费、临时职工工资等。

### 2. 可控成本和不可控成本

可控成本是指管理人员在短期内能够改变或控制其数额的成本。餐厅中的变动成本一般为可控成本，例如，原材料费用、餐具费用、水电费用等；某些固定成本也可以是可控成本，如办公费、差旅费、推销广告费用等。

不可控成本是指管理人员在短期内无法改变或控制其数额的成本。餐厅中的变动成本和固定成本也可能是不可控成本，例如，临时职工工资费用和日常水电费用等变动成本，餐厅折旧费和大修理费用等固定成本。部门基层员工以可控成本控制为主，管理人员以不可控成本控制为主。

### 3. 单位成本和总成本

单位成本是指制作一种产品所用的平均成本，可以是制作一份菜品或一杯饮料所用的平均成本。

总成本是指单位成本的总和，一般是一种产品批量生产所用成本的总和。例如，制作一杯鲜榨橙汁的成本为 5 元，则制作 20 杯鲜榨橙汁的成本为 100 元。

4. 标准成本和实际成本

标准成本是指在正常和高效率经营情况下，餐厅生产和服务应占用的成本指标，分为餐饮原材料标准成本和标准直接人工费用两种类型，前者的应用较广。标准成本可以通过确定单位标准成本实现实际成本的控制，有利于进行新菜品和新服务项目的决策。

实际成本是指在餐厅经营过程中实际消耗的成本，实际成本往往被用来与标准成本进行比较。实际成本较标准成本高则为顺差，说明实际中消耗的成本大于预算的成本，有可能存在浪费的情况，实际成本较标准成本低则为逆差，逆差和顺差统称为成本差异。

## 二、餐厅成本的特点

1. 变动成本比例大

餐厅的成本主要由厨房设施设备折旧费、原材料费用、餐用具、水电费用和人员费用等费用构成，其中原材料等变动成本是大部分餐饮产品的主要成本，随着产量或销售数量的增减而发生相应增减。

2. 可控成本比例大

餐厅成本中变动成本占较大比重，且变动成本属于可控成本。例如，原材料费用、水电费用、人员费用、餐用具等，这些成本发生额的多少直接与管理人员的成本管理能力相关。

3. 成本泄漏点多

成本泄漏点是指餐厅经营过程中可能造成成本增加的环节，包括菜单设计、原材料成本控制、餐饮产品推销及销售控制、成本核算等多个环节。每个环节中管理人员的具体经营管理能力是影响环节内成本控制的主要因素。例如，菜单设计中菜品及其定价决定了菜品的成本率；原材料的价格适宜、数量够用、质量过关、厨师烹调技艺良好，则可以避免因为产品价格过高、原材料过剩或变质、销售减少、烹调浪费等造成的成本增加；销售过程中因为促销控制力度不够，导致利润减少甚至亏损；成本核算不正确导致错误的定价，也会使利润减少、成本增加。

## 三、餐饮企业成本控制

### 1. 采购成本控制

采购成本控制直接影响着餐厅经营，要实现良好的控制效果，则必须权衡各部门利益，做出最佳选择。需要考虑采购价格、采购效率、采购最佳时间、最佳批量和采购质量等众多因素，这就需要一整套科学系统的采购机制。首先，制定合理的采购程序，既能密切部门内部与部门间的联系，又能减少采购环节，节省采购费用和时间，降低采购成本。其次，制定科学的采购标准，以正式规范、科学灵活的采购标准代替随意、刻板、陈旧的采购标准；明确采购职责，责任到人；完善管理，保证采购质量，以提升餐厅产品形象。再次，确定最佳采购批量和采购时间，仓库管理人员根据仓库物品流转周期，厨房负责人根据生产情况的变化，共同确定单个物品的单批采购量以及两次采购的间隔时间。最后，严格控制验收环节。验收工作是确保产品质量非常重要的一个环节，优秀的验收人员可以保证采购质量、降低采购成本，在一定程度上提高企业效益。验收人员需要经过专业的培训，掌握验收程序、方法和规章制度，还需要有强烈的责任心。

### 2. 储存成本控制

充足的原材料存储是保证餐厅正常生产运作的物质基础，正确的存储方式和管理技巧是提高原材料使用效率的重要方法，反之则会导致原材料的浪费和存储成本的增加，从而减少餐厅的整体收益。存储量的确定主要考虑原材料消耗定额、原材料储备定额和订货时间。餐厅通过菜品制作需要消耗的原材料数量标准，可以确定原材料消耗定额和原材料储备定额，在两者都确定的情况下，根据原材料种类和性质的不同，将经常储备原材料、保险储备原材料和季节储备原材料等区分考量，确定不同原材料的储备定额；订货时间是在最佳订货量的基础上确定采购申请时间和订货周期。正确的存储方式需要保证原材料存储在合适的环境中，要符合适宜的温度、湿度和照明、清洁卫生、合适的储藏容器、分类存放等条件。良好的储存管理应满足以下要求：保证原材料质量、确保原材料及时供应、防止偷盗行为发生、为财务部门提供所需信息等。

3. 生产成本控制

餐饮产品生产是餐饮企业成本控制的核心。餐饮产品生产包括原材料选择、初步加工、分档取料、切配、初步熟处理、烹制调味、成菜和盛装等环节，因此，生产成本控制就需要做好各环节的成本控制。在生产环境设计中，要求菜品生产线路流畅、避免交叉行走、下水道设计实现废水利用；在组织分工上，按照烹调方法分出各种灶台，分工明确，又不可过于单一，以便于培养多面手；在生产标准化上，制定合理的标准化菜谱，多余的原材料可进行初加工，以备其他菜品制作时使用，减少原材料浪费；在批量化生产中，餐厅可将部分主料或配料批量加工成半成品，事先批量调制调味品，批量加工菜品，并进行冷藏或热藏；在能源使用上，充分利用水、电、煤气、煤、汽油等能源，尽量选用节能设备和低成本高效能能源，注意在日常工作中的节约，例如，利用蒸汽、烤箱余温等保温食品。

4. 设备与器具成本控制

餐饮的设备、器具与餐厅的规模、档次以及销售和市场密切相关，需要科学管理及正确使用餐厅内的各种机械设备和器具用品，在充分发挥它们功能的基础上，降低损耗，提高效率，减少成本。设备和器具的成本主要包括购买成本、运输成本、安装成本、保养成本、维修成本、管理成本和使用成本，餐厅可以从这几个方面实现成本控制。购买设备和器具时，要根据餐厅的具体情况，综合考虑功能、价格和美观等因素。运输成本有装卸费用、运输费用和保价费用等，这些费用应尽量让卖方承担，如需餐厅承担则将费用降至最低。设备的安装一般由卖方负责，可进行设备集中安装，减少安装成本。设备和器具一般都需要保养，尤其是材质精良、价格昂贵的设备和器具必须经过良好的保养，才能正常使用甚至延长使用寿命。在餐厅能力范围内的维修可自行处理，除了日常的一般修理外，还需要定期大修理，并将故障情况和维修情况进行记录和分类整理。将设备和器具进行分类，有步骤、有重点地进行管理和控制，将有助于成本的降低。使用成本包括人员成本、能源消耗成本、设备损耗成本和器具破损成本等，要对这类成本实现良好的控制效果需要加强员工培训，培训员工正确使用设备和器具，减少由于不正当使用导致的故障和破损，并提高员工降低损耗的意识和能力。

5. 营销成本控制

餐饮营销活动内容广泛、形式多样、环节复杂，成本漏洞发生的概率较大，成本控制的难度增加。根据营销活动的内容，可以从促销成本、现场服务成本和营销收入控制三个方面实施营销成本控制。促销成本是开展促销活动所花费的所有费用，促销活动无论大小，都存在一定的漏洞，需要节约开支。例如，举行一场新品尝鲜会，在场地、工作人员、一次性餐具、制作原材料等方面，都有可能产生浪费。现场服务提供的餐饮产品由于是现场生产和现场消费，会产生现场服务费用和成本，因此，需要充分利用劳动力资源，减少劳动力浪费和工资成本，减少餐具损坏，减少宾客投诉和赔偿及减少烹调不当和原材料浪费等情况，避免成本的增加。销售收入控制主要通过优化销售环节、减少销售过程、减少经手人数、避免少记少卖、提高员工素质和业务能力等方法实现。

### 6. 员工成本控制

餐厅员工成本主要与员工数量相关，员工成本控制可以从控制正式员工数量、提高员工工作效率、借助临时员工等方面入手。首先，明确工作内容，设计和安排工作岗位，做到权利义务相对等，避免岗位空设和人员闲置的情况。其次，确定组织机构，明确上下级和横向部门之间的关系，落实岗位工作内容，确定各岗位人员的业务素质要求，选择高素质员工，更好地实现分工协作，提高工作效率。再次，根据工作的重要性和任务量，设立合理的工资标准，按劳分配，奖惩得当，充分调动员工工作的积极性和主动性。最后，根据工作任务量合理安排班次和每个班次的值班人数，宾客较多、服务时间较长的班次安排较多的员工，反之则安排数量较少的员工。还需要保证员工有足够的休息时间，这样员工才能有充沛的精力和体力开展工作，同时可有效避免由于员工操作不当和注意力不集中等造成人员伤亡、重大火灾、企业停产等严重后果。

### 7. 资金成本控制

餐厅的正常运营离不开资金的循环和周转，餐厅的成立和扩大需要足够数量的资金，可能需要从多种渠道、采用多种方式进行筹集，此时则需要甄选资金成本较低和财务风险较小的一种或几种方式。营运资金也是资金的一部分，它是流动资产和流动负债的差额，控制营运资金成本就是控制流动资产和流动负债的成本。费用也属于资金成本，餐饮产品的生产必然伴随各种费用的产生，降低费用成本可以直接降低企业资金成本及提高企业利润。

## 四、餐厅经营成本核算

成本核算是餐厅成本控制的必要手段，管理者仅通过现场监控无法完全杜绝成本浪费，还需要通过月成本核算和成本月报表进行量化核查，衡量餐厅成本控制效果。月成本核算是成本月报表的基础，成本月报表是月成本核算最终结果的展示，管理者可以清晰地查找到浪费和成本增加的原因，进而能够准确地采取控制措施，实现成本控制目标。

1. 月成本核算

月成本核算就是计算出一个月内餐饮产品销售的成本总额，一般由餐厅的核算员记录一个月内每天的营业收入、原材料采购的数量和金额及发料的数量和金额，在固定时间盘存、清点仓库原材料，做到日清月结，从而计算出月成本总额。

（1）账面领用食品成本

账面领用食品成本 = 月初食品库存额（本月第一天食品存货）+ 本月进货额（月内入库、直接进料）– 月末账面库存额（本月最后一天账面存货）

（2）账物差额调整

账物差额 = 月末账面库存额（本月最后一天账面库存额）– 月末盘点存货额（实际清点存货额）

实际领用食品成本 = 账面领用食品成本 + 账物差额

（3）专项调整

账面领用食品成本和实际领用食品成本中没有指出餐厅与非食品部门之间发生的原材料转入和转出关系，两个领用食品成本的指标并不精确，还需要进行专项调整。

月终食品成本 = 实际领用食品成本 + 转入餐厅的各种食品用酒 – 转酒吧用食品 – 下脚料销售收入 – 招待用餐食品成本 – 员工购买食品收入 – 员工用餐成本

（4）食品实际成本率

食品实际成本率 = 月终食品成本 ÷ 营业收入 × 100%

（5）月成本报表

月成本报表见表 2–1–1。

表 2–1–1　某酒店餐饮部 2019 年 11 月食品成本月报表　　单位：元

| | |
|---|---|
| 月初食品库存额 | 17 000 |
| 本月进货额 | 130 000 |
| 减：月末账面库存额 | 5 000 |
| 加：月末盘点账物差额 | 400 |

续表

| 本月实际领用食品成本 | 142 400 |
|---|---|
| 减：转酒吧用食品 | 1 700 |
| 下脚料销售收入 | 2 800 |
| 招待用餐食品成本 | 2 400 |
| 员工购买食品收入 | 650 |
| 员工用餐成本 | 4 000 |
| 月终食品成本 | 130 850 |
| 月食品营业收入 | 290 000 |
| 标准成本率① | 45% |
| 实际成本率② | 45.1% |

注：当餐厅产品结构发生改变时，标准成本率和实际成本率均会发生相应变化，当餐厅某阶段成本变化时，标准成本率不变，实际成本率发生相应变化。

①标准成本率 = 食品标准成本 / 食品营业收入。

②实际成本率 = 食品实际成本 / 食品营业收入。

从表 2–1–1 中可以看出，该餐厅的标准成本率与实际成本率非常接近，说明该餐厅的餐饮成本控制达到了较好的效果。

### 2. 日成本核算

月成本核算虽然可以帮助管理者发现成本控制中的问题，但是一个月的周期对于餐厅日常业务的指导意义不大，日成本核算和成本日报表的时间周期较短，更有利于发现成本控制中更加细微的问题，并及时采取纠正措施。

（1）日食品成本

日食品成本 = 直接进料成本（进货日报表直接进料总额）+
库存发料成本（领料单物品成本总额）

（2）专项调整

日终食品成本 = 日食品成本 + 转入食品的饮料成本额 – 转酒吧用食品成本 –
为酒吧准备食品的成本 – 员工购买食品收入 – 余料出售收入 –
招待用餐成本

（3）日成本核算表

通常情况下，由于某日领取的原材料可能用于次日或接下来数日，管理者为了更好地了解当天的成本状况，不是孤立地以日食品成本率为参考依据，而是统计和考查累计数据，累计时间越长，数据的精确度越高（见表 2–1–2）。

表 2–1–2　日食品成本核算表　　单位：元

| 日期 | 直接进料 | 仓库领料 | 内部转让 | | 其他成本 | 食品成本 | | 营业收入 | | 食品成本率（%） | |
|---|---|---|---|---|---|---|---|---|---|---|---|
| | | | 转入 | 转出 | | 当日 | 累计 | 当日 | 累计 | 当日 | 累计 |
| 1 | 180 | 735 | 145 | 171 | 251 | 638 | 638 | 2 200 | 2 200 | 29 | 29 |
| 2 | 571 | 814 | | 150 | 360 | 875 | 1 513 | 2 734 | 4 934 | 32 | 31 |
| 3 | 535 | 749 | 80 | 125 | 50 | 1 189 | 2 702 | 3 214 | 8 148 | 37 | 33 |
| … | | | | | | | | | | | |
| 30 | 673 | 789 | 56 | 135 | 354 | 1 029 | 30 821 | 2 940 | 93 397 | 35 | 33 |
| 31 | 694 | 829 | | 128 | 286 | 1 109 | 31 930 | 3 262 | 96 659 | 34 | 33 |

（4）食品成本日报表

根据上述食品成本核算，便可以填写食品成本日报表（见表 2–1–3）。

表 2–1–3　食品成本日报表　　单位：元

| | 当日 | 累计 | |
|---|---|---|---|
| | | 本周累计 | 上周同期 |
| 营业收入 | 10 500 | 58 500 | 51 800 |
| 食品成本 | 5 000 | 26 700 | 25 000 |
| 食品成本率 | 47.6% | 45.6% | 48.3% |

从表 2–1–3 中可以看出，第一，当日的食品成本率高于本周累计的食品成本率，说明当日的食品成本要高于本周前几日的平均日成本，可能当天成本控制存在问题，也可能当天是这周内进货量较多的一天。第二，本周的累计食品成本率比上周同期累计食品成本率降低了 2.7%，说明管理者通过对上周食品成本报表的核查，发现了问题和原因，在本周的成本控制上取得了良好的效果。

## 五、中餐厅经营成本核算

### 1. 中餐厅成本构成

（1）原材料成本

原材料成本包括主料、辅料、调料和酒水饮料等，主料是制成各单位产品的主要原材料，有的是占有较高的比例，有的是占有较高的成本；辅料是制成各单位产品的辅助原材料，在分量或成本上小于主料；调料是指油、盐、酱油、味精等调味品，分量最少，但是对菜品的口味影响较大；酒水饮料一般不经过烹调，可以直接计算成本。例如，土豆烧鸡块菜品的鸡块是主料，土豆是辅料，葱、盐、油等为调料；铁板牛排菜品的牛肉是主料，洋葱、菜椒是辅料，红酒、盐、油等为调料。

（2）人工成本

人工成本是除原材料费用以外，在总成本中占有较大比例的一部分成本，按照工作内容的不同可以分为厨房人工成本和餐厅人工成本两部分，包括所有员工的基本工资、奖金、津贴、福利等。

（3）燃料、水电费用成本

燃料成本有燃气费用、煤气费用、煤炭费用等，主要供厨师烹制菜品用。水电费用包括餐厅和厨房的用水、用电费用，其中，厨房烹调菜品的用水、用电较多，餐厅多为照明用电，用水较少。

（4）物料用品成本

餐厅的物料用品包括餐具、小毛巾、启瓶器、打火器、花瓶等，厨房的物料用品有毛巾、洗洁精、清洗剂、垃圾袋、保鲜膜等。

### 2. 中餐厅成本计算方法

（1）成本总额

中餐厅成本可以按照天、周、月、季度、年来进行计算，将所有的成本累计相加计算。

成本总额 = 原材料成本 + 人工成本 + 燃料和水电费用成本 +
物料用品成本 + 其他费用

（2）中餐厅成本率

根据不同的成本分别计算成本率。

$$成本率 = 成本 \div 销售额 \times 100\%$$

$$食品成本率 = 食品成本 \div 食品销售额 \times 100\%$$

$$饮料成本率 = 饮料成本 \div 饮料销售额 \times 100\%$$

$$人工成本率 = 人工成本 \div 总销售额 \times 100\%$$

### 3. 中餐厅成本控制

（1）原材料成本控制

对原材料成本的控制从采购开始，贯穿了预算、采购、验收、储存、发料、使用、保存等环节，成本的控制便从这些环节来实施。在预算环节，要与相关人员尽量精准计算所需原材料的种类和数量，避免预算过多带来的浪费及预算过少导致营业收入降低；在采购环节，要有严格的采购标准，并根据不同的原材料采用合适的采购方法，以较低的价格购买到相同质量和数量的原材料，获得较高性价比；在验收环节，加强验收人员的验收能力和基本素质的培训，建立严格的验收标准和验收管理体系，验收人员验收原材料一一核对，记录明确，奖罚分明；储存环节要对原材料进行分类存放，有干货区、海鲜区、冷藏区、冷冻区、酒水饮料区等，满足不同原材料种类对温、湿度、光照等条件的要求，延长原材料使用时间，及时检查和处理有问题或变质原材料，以免加速周围原材料的损坏；在发料环节，要严格按照发料程序进行原材料的发放，使用领料单，规定领料次数和时间，正确记录和核算原材料成本；在使用过程中，提高厨房人员节省原材料的意识和技术水平，充分利用边角料，对尚有剩余、易变质等原材料进行初加工以备制作其他菜品使用；在保存环节，部分原材料经过初加工以后可以保存较长时间，部分菜品耐储存，可以同时制作较大分量，在保存过程中一定要严格按照要求进行操作，避免发生变质等质量问题。

（2）员工成本控制

员工成本由人工成本（固定工资和津贴、福利等）和管理费用（人事管理费、材料费、招聘费、培训费和解聘费等）两个部分构成，主要受到餐厅营业收入、餐厅设施布局、营业时间、设施设备、菜单、员工流动率和岗位安排等因素的影响。相同数量的员工，业务量越大，营业收入越多，员工成本率越低。所以可以使用各种促销和营销方法增加餐厅业务量和营业额，提升员工工作效率，同时也可以延长营业时间以吸引更多的消费者，从而增加餐厅的总营业收入，降低员工成本率；尽量合理划分餐厅空间及设计不同功能分区，方便员工操作，有效降低员工数量，从数量上节省用工成本；餐厅设施设备的使用，尤其是全自动化或半自动化设施设备的使用，不仅可以减少用工数量，还可以减少员工工作量，包括大量枯燥的体力工作，可以提高员工工作积极性和工作效率，大大降低员工成本；菜单内容决定了菜品品种，极大地影响着厨房生产时间和餐厅员工服务方式，适合目标宾客口味又易于烹调的菜品有利于降低员工成本；根据餐厅的具体需要，尽量争取固定员工，减少由于员工流动带来的招聘、培训、广告等方面的费用，合理安排及培训固定员工，增加员工的归属感和成就感，使员工从心里愿意留在餐厅工作与发展。

（3）燃料、水电费用成本控制

首先，要培养员工节约能源的认知和习惯，厨房、大厅和包厢尚未到使用时间或还未被使用时，最好不要使用相关设施设备，以节省能源成本。其次，注意节能设施设备的更新换代，多使用变频产品和一级能源消耗的设施设备，降低能源消耗成本。再次，充分利用及回收热量，用烤箱余温加热或保温食品。最后，制定餐厅相关规章制度，责任到人，对有浪费倾向和轻度浪费行为的员工给予教育和警告，对浪费能源严重者采取相应的处罚措施。

（4）物料用品成本控制

物料用品主要分成一次性物料用品和可重复利用性物料用品两种。对于一次性物料用品，如一次性餐具、垃圾袋、洗洁精等，提高其利用率，做好使用的相关记录，避免浪费及偷盗情况的发生。对于可重复利用性物料用品，如餐具、毛巾、桌布等，必须加强管理和明确使用要求，降低破损率，分门别类存放，标明存放和使用注意事项。注意主要物料用品的保护和保养，延长使用时间，降低经营成本，必要时可以对相关使用者进行专门指导和培训。加强员工对正确使用物料用品重要性的认识，培训员工将正确使用方法运用到日常工作中。

## 六、西餐厅经营成本核算

### 1. 西餐厅成本构成

（1）原材料成本

西餐厅原材料成本构成与中餐厅一致，包括主料、辅料、调料和酒水饮料等，例如，蘑菇培根意面菜品的意面是主料，蘑菇和培根是辅料，油、盐等是调料。

（2）人工成本

与中餐厅一致，人工成本有厨房人工成本和餐厅人工成本，包括员工基本工资、辅助工资、津贴、福利等。

（3）燃料、水电费用成本

与中餐厅一致，燃料成本有燃气费用和煤气费用等，水电费用包括餐厅和厨房的用水、用电费用。

（4）物料用品成本

与中餐厅一致，包括餐厅和厨房两个区域的物料用品成本。

### 2. 西餐厅成本计算方法

（1）成本总额

西餐厅成本同中餐厅成本一样，也可以按照天、周、月、季度、年来进行计算，将所有的成本累计相加。

成本总额 = 原材料成本 + 人工成本 + 燃料和水电费用成本 +
物料用品成本 + 其他费用

（2）西餐厅成本率

西餐厅成本率同中餐厅成本率。

### 3. 西餐厅成本控制

（1）原材料成本控制

西餐厅原材料成本控制与中餐厅一致，主要从预算、采购、验收、储存、发料、使用、保存等环节实施。

（2）员工成本控制

与中餐厅员工成本控制一致，西餐厅员工成本主要从人工成本（固定工资和津贴、福利等）和管理费用（人事管理费、材料费、招聘费、培训费和解聘费等）两个部分及餐厅营业收入、餐厅设施布局、营业时间、设施设备、菜单、员工流动率和安排等影响因素进行控制。

（3）燃料、水电费用成本控制

与中餐厅一致，西餐厅该部分成本控制从培养员工节约能源的认知和习惯、安装节能的设施设备、充分利用及回收热量、制定餐厅相关规章制度四个方面采取措施。

（4）物料用品成本控制

西餐厅在物料用品成本控制上与中餐厅一致，从一次性物料用品和可重复利用性物料用品两个方面进行控制。

# 课程 2-2　服务质量管理

## 学习内容

| 学习单元 | 课程内容 | 培训建议 | 课堂学时 |
|---|---|---|---|
| （1）常见餐厅突发事件及应急预案 | 1）常见餐厅突发事件类型 | （1）方法：讲授法、案例教学法<br>（2）重点与难点：餐厅突发事件的应急预案 | 3 |
| | 2）常见餐厅突发事件特点 | | |
| | 3）应急预案的内容 | | |
| （2）餐厅突发事件处理 | 1）控制局面 | （1）方法：讲授法、案例教学法<br>（2）重点与难点：餐厅突发事件的处理 | 2 |
| | 2）及时判断 | | |
| | 3）启动预案 | | |
| （3）服务质量督导 | 1）明确本岗位职责与任务 | （1）方法：讲授法、案例教学法<br>（2）重点与难点：餐厅服务质量督导的方法及内容 | 3 |
| | 2）餐前服务督导 | | |
| | 3）餐间服务督导 | | |
| | 4）餐后服务督导 | | |
| （4）餐饮服务质量的分析与改进 | 1）有形产品质量分析 | （1）方法：讲授法、讨论法、案例教学法<br>（2）重点与难点：服务质量的分析与改进 | 4 |
| | 2）无形产品质量分析 | | |
| | 3）质量改进 | | |

# 学习单元 1　常见餐厅突发事件及应急预案

## 一、常见餐厅突发事件类型

### 1. 餐厅环境类突发事件

该类突发事件主要是指由于餐厅设施设备出现问题，给餐厅的正常运营和工作带来不便，如停电、停水、音响破损、空调不制热或不制冷、桌椅破损、餐具破损、装饰物损坏等。

### 2. 餐厅服务类突发事件

该类突发事件发生在服务员为宾客提供服务的过程中，由于服务员的服务过失或不周到，影响了宾客的正常用餐或造成宾客的投诉等，如把汤汁洒到宾客身上、菜品上错桌、算错账单、菜品质量问题、打翻托盘等。同时，该类突发事件的发生原因也包括宾客的不恰当做法等，如醉酒宾客强迫服务员陪酒、宾客之间争抢餐桌、宾客坚决要求餐厅打折、宾客之间发生语言冲突、宾客辱骂服务员等。

### 3. 餐厅安全类突发事件

该类突发事件是指发生在餐厅内部，与宾客的人身财产安全和餐厅安全相关的各类突发性事件，如失火、宾客中毒、发生打架斗殴及酗酒滋事事件、宾客丢失钱包及其他财物等情况。

### 4. 外部环境类突发事件

该类突发事件主要是指由于外部自然、社会、政治、经济等环境发生突然变化而带来的各种突发情况，以至于给餐厅带来较大影响，如地震和台风等自然灾害、受到爆炸等事件波及、新闻媒体曝光负面消息、食品安全卫生部门通报餐厅有食物中毒事件等。

5. 重大变更类突发事件

该类突发事件主要是指原本计划的事情临时发生变化而给餐厅带来的影响，如开餐前突然接到重要客情、突然接到上百份外卖订单、突然接到数十桌宴会、较大数量的团队预订取消等。

## 二、常见餐厅突发事件特点

1. 突发性

餐厅的任何突发事件均具有突发性，即在餐厅可预测和可安排的日常工作范围外发生。在突发事件发生前，没有人可以准确地预测接下来可能在餐厅的什么地点、什么时间、以什么样的方式具体发生什么样的事件。例如，餐厅的服务员在认真热情地为宾客提供服务时，很难想到自己会把汤汁洒到宾客身上，也很难想到会有醉酒的宾客做出不礼貌的举动；同样，厨房的厨师在烹调菜品时也无法预测哪桌宾客的菜品有可能出现火候或味道上的偏差，也无法预测是否会遇到对菜品非常挑剔的宾客。

2. 破坏性

餐厅突发事件的破坏性包括对生命安全的破坏、对财产安全的破坏、对社会环境和社会秩序的破坏等，遭受损害的不仅有餐厅宾客，还包括餐厅的服务人员。

3. 社会性

随着社会的进步和信息技术的发展，各种信息的传播速度非常快，餐厅突发事件的社会性主要是指突发事件可能会为餐厅带来的其在社会上的积极或消极影响。

4. 不确定性

餐厅突发事件的不确定性包括两个方面，第一，当突发事件发生后，事件的发展趋势不确定，即使采取了规范的措施，面对不同的对象和情境，事件的发展趋势也无法确定；第二，突发事件处理和结束后，对餐厅甚至对社会影响的广度和深度也无法确定。

## 三、应急预案的内容

### 1. 目的和依据

根据《中华人民共和国突发事件应对法》和相关部门的要求，首先，为了在突发事件发生之前能够有所准备，可以根据以往经验和最近情况提前进行预测，预防突发事件的发生。其次，加强餐厅突发事件的应急管理工作，当突发事件发生时，能够及时有效地采取措施，将损失降到最低，最大限度地保证宾客的人身财产安全。最后，当面临自然灾害等不可抗力时，餐厅要以宾客和其他人员的生命安全为重，采取一切措施挽救所有人的生命安全。

### 2. 组织机构

为了保证应急预案的实施，必须责任到人，将任务细分到每个人身上，分工协作。成立应急预案小组，由该小组成员全面负责组织、指挥和协调突发事件处理，实现预案的顺利实施。突发事件应急预案小组成员及其责任包括以下几个方面。

组长：餐厅经理，负责突发事件应急预案小组的组织、指挥、协调。

副组长：值班经理，负责突发事件应急预案落实情况的检查和指导。

成员：餐厅各区域员工，负责所在部门应急预案的落实、应急工作的组织和实施，协助应急预案小组处置各类突发事件。

### 3. 应急措施

（1）餐厅环境类突发事件的应急措施

该类突发事件在餐厅突发事件中具有一定的消极影响，有通用的处理流程，但也需要服务员具有较强的对场面控制的能力。当遇到停水、音响破损、空调不制暖或不制冷时，该区域服务员首先要向宾客致歉，并告知宾客相关部门已经在进行紧急维修，马上便会恢复正常，请宾客耐心等待并正常用餐。服务员同时要立即向有关部门反映并要求维修。当遇到停电时，该区域服务员要保持镇定，点燃备用蜡烛，并稳住宾客的情绪，提醒宾客不要离开自己的座位，餐厅已经启用应急用电，马上就会送电，这时值班经理应立即开启应急灯，与有关部门沟通配合，在最短的时间内检查停电原因并恢复供电。当遇到桌椅破损、餐具破损、装饰物损坏情况时，该区域服务员应先向宾客致歉，并为宾客重新更换餐桌位置、更换新餐具和新装饰物。

（2）餐厅服务类突发事件的应急措施

该类突发事件出现的概率相对较高，处理过程需要一定技巧，同时也考验服务员的沟通和处理能力。应急措施主要分为两种。第一种是针对由于服务员的失误而引起的突发事件，如把汤汁洒到宾客身上、菜品上错桌、算错账单、菜品质量问题、打翻托盘等。服务员应向宾客诚挚地道歉，并为宾客擦拭衣物、重新上菜、重新计算账单、更换其他菜品或重新烹调、安抚宾客并整理现场，有时为了表示餐厅的诚意，可为宾客清洗衣物或赠送宾客一个果盘等。第二种是针对由于宾客的行为而引起的突发事件，如要求服务员陪酒、辱骂服务员等。这时服务员应有技巧地拒绝宾客，并表示出严肃认真的态度，让宾客感受到服务员的自尊和自爱。如果遇到宾客之间争抢餐桌、宾客坚决要求餐厅打折、宾客之间发生语言冲突等突发事件，应首先将双方拉开并分别进行劝解，告知双方如果事情继续发展对双方都是有百害而无一利的，希望双方可以冷静处理。

（3）餐厅安全类突发事件的应急措施

该类突发事件的发生会给餐厅和宾客带来极大的负面影响甚至严重后果，必须及时谨慎处理。例如，面对火情时，要准确判断火势大小和失火原因，如果有把握可以控制住火势，不会造成其他影响，则应安抚宾客，尽量不让事件散播进而造成恐慌；如果无法判断火势是否会扩散，则应马上有序地疏散宾客，采取紧急灭火措施，并及时通知相关部门进行处理。面对宾客中毒情况时，应拨打 120 急救电话，并立即通知餐厅相关部门或受过训练的急救员采取医疗急救措施，医务人员到场后，餐厅要提供一切帮助和方便。面对打架斗殴、酗酒滋事情况时，首先应稳住双方情绪，不让事态恶化，同时报告经理和保安部，以便及时处理；如果情况无法控制，则拨打 110 报警电话。面对丢失钱包等情况时，首先应安抚宾客，并帮助宾客寻找丢失的钱包，帮助宾客回忆曾去过的、可能丢失钱包的地方，如果有需要可以调取餐厅监控录像，甚至拨打 110 报警电话，让警方协助调查。

（4）外部环境类突发事件的应急措施

该类突发事件发生的概率相对较小，但造成的后果却非常严重。例如，遇到地震和台风等自然灾害、受到爆炸等事件波及时，应立即安抚餐厅宾客和内部员工，确认受灾范围，对受灾情况进行调查，成立紧急救灾小组，各部门对可能存在的安全隐患进行排查和处理，以免造成火灾、煤气泄漏等二次灾害。如果遇到新闻媒体曝光餐厅负面消息时，应第一时间向餐厅经理汇报，告知员工要如何与宾客沟通，向媒体负责人了解事件的始末，并与事件当事人进行沟通，请求媒体及时撤销对餐厅的负面报道。

（5）重大变更类突发事件的应急措施

当开餐前突然接到重要客情时，如餐厅 VIP、知名人士即将前来用餐等，应向餐厅经理汇报，并预留出包厢，根据重要宾客的意见组织菜单，安排优秀厨师烹调菜品，安排优秀服务员提供餐间服务，餐厅经理在餐间可对重要宾客表示欢迎并在用餐结束后亲自送别重要宾客。当突然接到上百份外卖订单、突然接到数十桌宴会订单等时，应先充分了解宾客的用餐标准、菜品数量、用餐人数等信息，并立即与厨房负责人进行协商，确定是否有能力应对这一突发情况，如果可以，则接受预订。应了解更加详细的信息，并尽快为宾客提供服务。

**【案例】餐厅服务员将汤汁洒在宾客身上**

由于餐厅服务员工作的不小心或操作不当，出现将汤汁洒在宾客身上的情况，通常会进行如下处理：第一，向宾客表示歉意；第二，弄脏的面积不大时，应立刻拿一块湿毛巾擦拭宾客衣物，如果是女宾客，则由女餐厅服务员为其擦拭；第三，弄脏的面积较大时，应马上将衣物送洗，并准备干净的衣物给宾客，在用餐结束前将宾客衣物送回；第四，请宾客继续用餐。

# 学习单元 2　餐厅突发事件处理

## 一、控制局面

一旦发生突发事件，餐厅服务人员首先不能惊慌，而是应冷静下来，第一时间控制住局势，以免突发事件的影响范围扩大，引发二次突发事件或严重危机。局面的控制主要围绕宾客、服务员和事态发展等方面进行。首先需要控制和稳定的是餐厅内部员工，员工的从容和淡定可以保证餐厅的正常运营，保证各个环节沟通的顺畅，顺利解决出现的突发事件，并营造出一种事态尽在掌控中的氛围，有利于放松宾客的心情，调节宾客的紧张状态。其次需要稳住餐厅的宾客，如果是餐厅的责任，则需要向宾客致歉，并采取补救措施，如果是因为外在不可抗力，则请宾客不要离开自己的座位，告知宾客目前事态发展都在餐厅的掌控之中，请宾客放心，继续安心用餐。最后要严控事态发展状况，不是所有突发事件的原因都可以简单地判断出来，因此，控制事态发展以免其恶化是非常重要的，因为事态一旦恶化，服务员和宾客也必然会受到影响。

## 二、及时判断

突发事件的处理有较强的时效性，反应越快速，判断越准确，行动越果断，越能取得好的处理结果，所以能够做出及时判断在处理突发事件中显得非常重要。当突发事件发生后需要判断的内容主要包括事件发生的时间、地点、发展态势、影响范围、主要原因等，然后根据了解的情况和搜集的信息进行决策。例如，餐厅内有一桌宾客因为带有小孩，因为希望旁边一桌抽烟喧哗的宾客不要吸烟且降低交谈的音量，对旁边一桌的宾客冷嘲热讽，旁边一桌的宾客被激怒，双方大吵起来并且互不相让，这时该区域服务员要立即走过去，确定事件发生的时间和地点，了解事件发生的原因和目前的状况。

## 三、启动预案

当突发事件的原因和性质确定后，又对信息进行了准确的分析和判断，餐厅需在所有突发事件的预案中选择相符合的目标预案，并启动预案。在启动预案的过程中，首先，从整体上要按照预案要求实施，无特殊情况时，保证实施内容和实施流程与预案没有较大出入；其次，每一次突发事件都不可能完全一样，都会或多或少地存在一定的差异，预案在制定时也应为其实施留下一定空间，在具体实施中要具体情况具体分析；再次，预案小组的成员要分工协作，突发事件处理中的关联性和变化性较强，各成员要保证沟通顺畅，随机应变，灵活应对；最后，如果预案在实施过程中引发了二次突发事件或事件变严重，应立即向上级领导汇报，暂停预案的实施，稳住现场情况，等待指示和支援。

### 【案例】还是烛光晚宴好

杭州某餐厅，服务员小美正在包厢进行服务，突然电灯灭了，包厢内一片漆黑，宾客议论纷纷。这时小美迅速掏出两只打火机，一手一个高高举起，轮流为每桌宾客点上蜡烛，并对大家说：“机缘巧合，给我们准备了一个别致的烛光晚宴。对不起，临时停电，请各位先生、女士安心用餐。”随后其他服务员送来两个西餐烛台，小美将烛台摆在餐台上，又从工作台抽屉里取出事先准备好的西洋风情画挂在墙上，在窗台上放上一个西式盆景。片刻间，整个包厢由中式宴会厅变成了一个充满温馨浪漫和异国情调的西餐宴会厅，看到这从天而降的烛光晚宴，宾客非常高兴，纷纷赞不绝口。过了一会儿来电了，小美想吹灭蜡烛，宾客却把她拦住了，说：“不要吹灭蜡烛，请关上电灯，还是烛光晚宴好！”

# 学习单元 3　服务质量督导

## 一、明确本岗位职责与任务

餐厅服务质量督导是餐厅良好服务质量的保证，具体的餐厅督导工作主要由餐厅经理、餐厅服务员领班、餐厅传菜员领班三个岗位的管理人员负责，每个岗位担负不同的职责和任务，工作内容相互关联、相互承接，对整个餐厅服务质量的提升起着非常重要的作用。根据餐厅服务流程，可以将各个岗位的职责和任务分成三个时间段，即餐前服务督导、餐间服务督导和餐后服务督导。

## 二、餐前服务督导

### 1. 餐厅经理

根据上级领导的工作安排，做好餐前准备工作的布置和检查。检查零点餐厅、包厢和宴会厅等用餐区域内是否将已预订宾客的准备工作做好，未预订的餐桌每天检查 4 张；检查用餐区域、厨房、通道、仓库等所有餐厅区域的卫生和设施设备，以免出现突发情况；及时将宾客档案和宾客意见反馈表反馈给厨师长，参与菜单设计和更换，给出合理建议。参加班前例会，掌握当餐的详细情况。

### 2. 餐厅服务员领班

提前到岗检查已预订宾客的准备工作，按照各检查表的要求检查各用餐区域的卫生和设施设备，记录下属员工的出勤情况，检查其仪容仪表。准备好班前例会内容并主持，向下属员工总结上一餐服务中存在的问题，传达上一餐餐厅日志中所强调的信息，通报今日客情，详细布置当餐工作。班前例会后检查餐厅所有用餐区域的准备工作，保证用餐区域的温度、湿度、灯光、电视、音响、卫生间等正常运转和使用，将酒水单和菜单准备齐全。

3. 餐厅传菜员领班

提前到岗查看下属员工的考勤情况，并检查其仪容仪表。根据预定情况安排餐前准备工作。按照各检查表的要求检查所辖区域内的卫生情况和设施设备，做到卫生达标，抽查零点餐具，检查全部宴会餐具。召开班前例会，向下属员工总结上一餐工作中出现的问题，通报今日菜情，并布置当餐的工作。班前例会后检查菜品所用餐具和调配料是否准备好，组织和落实班前例会的所有工作内容。

## 三、餐间服务督导

1. 餐厅经理

根据班前例会的内容，检查各班组的各项推销和服务工作是否按照预定程序和规格正常进行。协助迎宾员做好迎送客工作，记录这个过程中发现的问题。巡视餐厅工作的进展情况，控制传菜员的传菜速度和值台员的上菜速度，检查值台员的巡台工作。及时处理餐饮服务中宾客提出的各种问题和投诉，做好现场公关工作，并搜集及征求宾客对餐厅及菜品质量的意见。

2. 餐厅服务员领班

检查下属员工是否按照程序和标准为宾客提供服务，时刻关注其是否为宾客提供及时全面的服务，做好补位服务工作。

3. 餐厅传菜员领班

检查服务员上菜是否符合程序和标准，如调配料先上、上汤垫盘、上煲垫竹筐等。检查洗碗工对餐用具洗涤、消毒、擦拭等工作。检查酒杯、茶杯、烟灰缸等小件物品的消毒工作。检查服务员和洗碗工是否按处置程序和规定处理泔水、垃圾、酒瓶、废品。安排员工及时做好补位服务工作。

## 四、餐后服务督导

### 1. 餐厅经理

抽查各班组的收尾服务工作，安检工作是重点检查内容，保证餐厅安全，杜绝任何隐患，如有问题及时将情况向上反馈。

### 2. 餐厅服务员领班

协助服务员送客，检查服务员是否将电视、空调、水晶灯等设施设备关闭，只留下工作用的日光灯。检查服务员的收台、布台工作，是否已将泔水和餐用具分开，是否已做好餐用具数量的清点工作以及是否对可再次利用的物品进行回收。整理宾客意见反馈表，填写餐厅日志和宾客档案，交办公室存档，以供厨师长与餐厅经理阅读。

### 3. 餐厅传菜员领班

检查当餐送餐餐具是否已按标准及时收回，服务员的洗涤工作是否符合标准。做好安检工作，进行物料清点与餐厅管理日志整理。

# 学习单元 4　餐饮服务质量的分析与改进

## 一、有形产品质量分析

### 1. 根据实际情况对菜品进行分析

根据标准菜单的规定，对菜品质量进行分析。

（1）分析菜品的种类、数量、规格是否与菜单相符合，厨房服务员和值台员分别核实留存的菜单与烹调和上桌的菜品是否一致，传菜员核实菜品与所服务菜品的工作台是否一致，厨房配菜员需按照标准对菜品的种类、数量和规格进行切配。

（2）分析菜品的色泽、香味、造型是否符合标准菜品要求，厨师要严格按规定的操作程序进行烹调，做到少量勤烹、出品及时，保证出菜速度、出品温度和装盘规格等。

（3）分析菜品的盛器和配料等是否与菜品相搭配，根据菜品的规格、原材料、名称等搭配合适的盛器和配料。

### 2. 根据宾客反馈对菜品进行分析

根据宾客对菜品的反馈，出现的问题主要集中在以下几点。

（1）菜品存在原材料质量问题。当原材料出现问题时，是不可能烹调出完美的菜品的。例如，花生发生霉变，做成海苔花生不仅影响宾客正常食用，还会影响宾客的身体健康。

（2）烹调过程操作程序不标准。厨师在烹调时需要按照标准进行，同时也不可避免因厨师个人的口感和习惯，导致菜品出现咸淡、老嫩等口感问题。

（3）菜品上桌温度不达标。菜品的温度对宾客品尝的效果有很大的影响，为了保证合适的上桌温度，菜品需要选用不同的盛器，服务员需要掌握最佳的上菜时机。例如，莴笋类菜品需要尽快上桌才能保证莴笋的香脆，否则就会发软，失去本味。

（4）菜品中存在异物。很多餐厅都存在这样的情况，如因菜品中有头发、飞虫、小铁丝、塑料等不应该有的杂物，而引起宾客投诉。为了保证菜品卫生质量，应严格要求生产、传菜和上菜的每个环节按标准操作。

## 二、无形产品质量分析

### 1. 对服务流程进行分析

餐厅的服务流程主要分为迎宾服务、席间服务、结账送客服务三个环节，包括六大基本技能（托盘、斟酒、铺台布、折花、摆台、上菜及分菜）、点菜服务、传菜服务、辅助性服务（撤换餐具、落餐巾等）。

（1）迎宾服务环节的服务流程包括：敬语迎宾、微笑问候、引领宾客；存放衣帽，提醒宾客贵重物品随身携带；根据宾客情况选择合适餐桌，引客入座；询问饮品、服务饮品；呈递菜单和酒水单。

（2）席间服务环节的服务流程包括：点菜及点酒水服务，为宾客介绍菜单和酒水，必要时根据宾客要求为其提供建议；酒水服务，根据宾客所点酒水选择上酒方式，红葡萄酒需要醒酒，白葡萄酒需要冰镇，然后按照服务规范为宾客斟酒；上菜服务，正确选择上菜位置，先冷菜后热菜，荤素搭配，准备公筷、公勺；分菜服务，根据实际情况选择合适的分菜方式；席间巡台，密切关注宾客台面情况，为宾客撤换烟灰缸和骨碟、添加酒水、撤换小毛巾等；甜品和水果服务，撤走宾客菜盘并整理餐桌，摆上甜品和水果。

（3）结账送客服务环节的服务流程主要包括：结账服务，根据宾客要求决定付款方式，防止宾客逃单、收银员和值台员舞弊等情况；送客服务，上前拉椅，协助宾客拿取外套，提醒宾客携带随身物品，向宾客致谢并送至餐厅门口。

### 2. 对服务细节进行分析

按照餐厅服务流程，从迎宾服务、席间服务、结账送客服务三个环节进行服务细节的分析。

（1）在迎宾服务环节，需要分析迎宾员的服务态度、对客情的掌握情况、宾客引领工作等；当迎宾员将宾客交接给值台员之后，还要分析值台员的服务态度、是否为宾客正确引领餐位、是否很好地为宾客拉椅让座、是否及时为宾客提供茶水、增减餐用具、递送菜单等工作。

（2）餐厅席间服务是为宾客提供的频次最密集的服务，也是对宾客服务感知最具影响力的一个环节。分析服务员是否正确规范使用托盘为宾客提供服务；分析服务员的斟酒准备工作、斟酒位置、示酒、斟酒量、斟酒顺序、斟酒时机等；分析服务员是否按照上菜标准和程序进行服务，服务员应正确选择上菜位置和顺序，先冷后热、先咸后甜、先淡后浓、先荤后素、先菜后点，冷菜快上，冷菜吃到二分之一再上热菜，热菜一道一道上，注意特殊菜品的上菜方式；按照餐饮规格决定分菜服务形式；分析服务员是否正确提供其他辅助服务，例如，烟灰缸内有两个烟蒂时需更换，骨碟需及时更换，骨碟中的食物残渣不得超过二分之一。

（3）在结账送客服务环节，分析服务员是否细心留意宾客，避免出现逃单等行为；在宾客离开时，有否注意宾客衣物是否携带齐全，是否有物品遗落在地上或椅子下。

### 3. 根据宾客反馈对服务质量进行分析

宾客对服务的反馈主要有以下几方面意见。

（1）服务内容问题，这是在宾客反馈信息中占较大比例的一个问题。服务员在提供服务的过程中存在安全和卫生问题。例如，服务员在上菜时未提醒宾客导致汤汁洒在宾客身上；服务员的手指接触宾客使用餐具的入口部位；服务员在为宾客提供生日宴服务时，没有及时提醒厨房赠送长寿面和寿桃；服务员面对宾客对某一道菜品名称的由来、菜品原材料、菜品的营养价值等提问时，吞吞吐吐，无从应答，没有体现出应有的业务知识水平。

（2）服务态度问题。服务态度存在于服务员自宾客进入餐厅到离开餐厅的整个服务过程中，服务员在完成基本操作工作的同时，也为宾客提供着无形服务，保持良好的服务态度便是非常重要的内容之一。有些服务员由于羞涩和胆怯不敢向宾客问好和提供服务；有些服务员在服务的过程中夹杂个人情绪并将其传递给宾客；有些服务员对宾客有看法和意见。出现这些情况的主要根源在于服务员缺少提供良好服务的意识。

（3）服务效率问题。服务需要技术也需要技巧，一定的服务技巧可以提高服务效率，为宾客提供更快速优质的服务。对于前来就餐的宾客来说，等待是一个非常常见的问题，有时是由于餐厅客流量较大，有时是由于厨房烹调时间较长，有时是由于餐厅设施设备陈旧，有时是由于服务员出现差错等。

## 三、质量改进

### 1. 对有形产品质量进行改进

菜品从制作到上桌需要经过多个环节和多人之手，菜品的切配决定着菜品的出品规格、色香味形质、营养价值和标准成本等，菜品的烹调决定着菜品的色泽、口味、形态和质地等，菜品的装盘决定着菜品造型的艺术性，菜品的传送决定着宾客最终的品尝效果。菜品质量的提升同样需要从各个环节入手，并结合宾客的反馈意见加以改进。

（1）对员工进行相应培训。厨师长要系统地进行原材料知识和切配技巧等理论和实践上的培训，培训对象以厨房服务人员为主，以便更好地保证菜品质量，控制菜品成本；同时厨师长还可兼顾培训其他服务人员，值台员通过学习可以加深对菜品的了解，做好菜品上桌和菜品介绍工作。

（2）加强对原材料质量和数量上的检查和把控，避免由于采购不佳、验收失误、储藏不当等原因而使用不合格原材料，降低菜品质量，甚至出现严重质量问题。为了保证原材料的规格和新鲜度，对不合格的原材料采取不加工、不烹调、不上桌的原则，并加强对相关人员的培训和考核。

（3）严格执行菜品制作流程和标准。菜品制作过程必须有切配和烹调流程、烹调方式、调味料种类及用量、烹调火候、烹调时间、装盘样式等规范要求，以确保菜品质量的统一性和稳定性，控制菜品成本。同时对违反菜品制作流程和标准的厨房服务人员加以相应的惩罚。

（4）做到全员全程保证菜品质量。全员包括厨房服务人员、传菜员、值台员等，全程包括从原材料加工到成品上桌的整个过程。每位服务人员在每个环节中都要对菜品的色泽、气味、造型、温度、盛器、调味料、搭配使用的餐用具等进行核对，检查其是否合格，如发现问题菜品，应立即返还厨房要求厨师确认并重做，以确保上桌菜品的质量。

（5）推行5S（seiri、seiton、seiso、seiketsu、shitsuke，整理、整顿、清扫、清洁、素养）管理，要求和帮助员工养成良好的工作习惯。针对每个环节制定相应的操作标准、考核机制和奖惩措施，定期对每个员工进行考核和奖惩。强化员工对规范制度的认可，一切行为以既定的服务流程和标准为参考，严禁任何员工随性而为。从意识上加强员工对菜品质量重要性的认识，认识到菜品质量问题对宾客的伤害及对餐厅形象的影响。

### 2. 对无形产品质量进行改进

对无形产品质量的改进主要是对餐厅现场服务质量的控制，根据无形产品服务内容和常见宾客反馈意见，可以从以下几个方面进行改进。

（1）完善服务程序和标准。服务程序和标准是餐厅服务工作正常运作的保障和基础，任何服务变动都必须根据具体情况，围绕服务程序和标准，在一定范围内做临时变动。需要制定更加完善和规范的服务程序和标准，要求服务人员从意识上认可和遵守，并会灵活调整。例如，时间紧迫的宾客只要求所有菜品越快越好，这时可以临时打乱上菜顺序，分菜可以在征询宾客意见后提前分好直接上桌等。

（2）加强对意外事件的控制。服务质量受到各种因素的影响，可能来自宾客一方，也可能来自服务人员本身，还可能来自周边环境等，其变化概率极大，不易掌控。必须增强服务人员面对各种情况各种心情时的工作稳定性，加强其面对意外事件时处理和分析问题的能力，以及迅速采取补救措施的能力，进而缩小意外事件影响范围，防止事态恶化，从而保证餐厅的正常运营和良好氛围。

（3）加强对服务人员的培训。服务人员的素质已经成为影响餐厅竞争力的一个重要因素，只有经过良好的定期培训的服务人员才具有较高的素质和与时俱进的服务能力，才能为宾客提供高质量的服务。所以，必须对服务人员进行定期和临时的基本功训练和业务知识培训，并根据考核制度进行奖惩，提高服务人员参加培训的积极性和主动性。

（4）做好无形产品的服务创新工作。可以从服务员、服务内容、服务方式、服务语言、服务服饰等方面进行创新，提高无形产品的价值和质量。为宾客提供特色或免费的服务内容，例如，免费提供报纸杂志阅览、旅游服务、健康服务、信息服务、休闲服务等；可以将用餐过程中的某一或某几个环节做成表演形式，例如，茶水服务时，服务员可以通过在餐桌上为宾客泡茶和斟茶来展示茶道；运用亲切热情的问候语或称呼拉近与宾客之间的关系和情感，例如，用姓氏称呼宾客“某某先生、某某小姐”，称服务员为“小二、跑堂”等；服务员根据餐厅风格、地域风格或民族风情进行着装，例如，主题服务员餐厅可以穿着与餐厅主题相搭配的服饰，民族风味餐厅服务员可以穿着民族服饰等。

# 模块3 培训指导

# 课程设置

| 课程 | 学习单元 | 课堂学时 |
|---|---|---|
| 3-1　专业培训 | 培训计划概述、内容及制订方法 | 5 |
| 3-2　技能指导 | 作业指导书概述、内容及编写方法 | 4 |

## 课程 3-1　专业培训

### 学习内容

| 学习单元 | 课程内容 | 培训建议 | 课堂学时 |
|---|---|---|---|
| 培训计划概述、内容及制订方法 | 1）培训计划的概念<br>2）餐厅服务员培训计划的特点<br>3）制订培训计划的方法<br>4）制订培训计划的流程<br>5）培训计划的内容 | （1）方法：项目教学法<br>（2）重点与难点：培训需求分析与培训计划的制订 | 5 |

## 学习单元　培训计划概述、内容及制订方法

### 一、培训计划的概念

培训计划是根据餐厅发展战略和近、中、远期的发展目标，在对培训需求进行分

析和预测的基础上兼顾餐厅和员工两方面的需求，制定的包括培训目标、培训范围、培训内容、培训方式、培训时间以及培训计划的调整方式和组织管理等工作内容在内的一个系统培训活动方案。

## 二、餐厅服务员培训计划的特点

1. 针对性

餐厅培训要结合餐厅的性质、规模和自身发展情况，根据不同岗位对专业知识和业务技能的要求，设置不同的培训目的、培训内容和培训方案。例如，餐厅服务员的培训内容包括餐厅服务的专业知识，摆台、上菜、撤换骨碟、斟酒等基本技能，以及如何处理服务中的突发事件等。

2. 灵活性

餐厅培训的内容具有规范性和标准性的特点，但在不同的时间和场合面对不同的服务对象，员工在运用培训所学内容时就需要有一定的灵活性。在为宾客提供点菜和餐间服务时要根据宾客的用餐时间、用餐习惯等实际灵活调整服务顺序和服务速度，例如，为时间紧迫的宾客推荐烹调时间短的菜品，加快服务节奏，减少服务频率。

3. 应用性

餐厅员工所需知识和技能具有较强的可操作性，餐厅培训更加强调学以致用，即将所学知识和技能快速高效地转化为现实的服务。餐厅宴会厅在承接较大活动时，会借调餐厅其他部门的员工并对其进行临时性紧急培训，以便其尽快服务于宴会厅，而不是提前对这些员工进行非其岗位工作的培训。

4. 局限性

餐厅培训在实施的过程中会遇到培训时间和培训对象难以协调等各种问题，例如，培训时间必须避开所有参与培训员工的工作时间，但餐厅员工轮班工作的特殊性会给培训时间安排带来难度，计划好的培训可能由于培训时间的原因临时更改或者取消。

## 三、制订培训计划的方法

### 1. 组织培训需求分析

培训需求具有一定的目的性和计划性，需要在一定的任务、对象、资料收集等准备工作的基础上，制订明确的培训需求分析计划，尤其是在一些规模较大、规格较高、具有一定影响力的培训中。例如，为了承办某重大国际会议，专门对选中的服务人员进行相关培训，在培训中可以通过观察法、访谈法、工作任务分析法、数据分析法等不同分析方法对培训需求进行分析。

### 2. 明确培训目的、目标

餐厅的发展需要员工具备较高的综合素质和能力。制定培训目标为员工提出了工作要求、指明了工作方向，有利于员工和餐厅的发展。员工培训的最终目的是提高员工工作绩效和餐厅效率，促进员工个人的全面发展与企业的可持续发展。要针对不同的培训对象设立不同的培训目标，例如，对于刚入职的毕业生，首先要做好学校教育与工作岗位的衔接，让毕业生更快地适应工作环境，满足餐厅工作需求。

### 3. 确定培训方案

培训方案应当以餐厅资源条件和员工现有素质为基础，以满足餐厅和员工双方的需求为出发点，兼顾餐厅人员组织的动态性和不可预期性，预估餐厅培训所需资源和资金，选择餐厅培训内容和人员组织方式，安排餐厅培训时间和空间，并对餐厅培训目标、进度、方法、学习效果的评估做出规定和建议，确保培训方案的高效实施，并能完成预期目标。

### 4. 制订培训计划草案

培训计划草案是培训计划正式确定的前提和基础，主要是培训计划内容提要和部分内容，离开了培训计划草案，培训计划将无法完善和实施。培训计划草案主要考虑培训需求和目的，培训内容，培训负责部门和负责人，培训对象、培训时间，培训场所和环境，培训实施方法和步骤，培训直接成本和间接成本预算等。

### 5. 沟通并确认培训计划

餐厅培训计划的最终确认是对餐厅培训计划草案的完善和丰富，从而提高培训计划的可实施性。高层领导、人力资源部人员、培训主管、培训专员等与餐厅培训计划相关的人员需要聚集在一起，针对培训计划草案提出修改建议，以利于培训计划的顺利实施，保证培训计划能够符合餐厅和员工的实际情况。

## 四、制订培训计划的流程

### 1. 信息采集

信息采集属于前期准备工作，也是培训计划制订的基础工作，采集的内容主要包括餐厅的现有条件和资源，餐厅需求，培训对象现有的知识结构和技能水平等，培训对象需求、岗位职责，培训资金预算等。

### 2. 培训计划编制

在信息采集的基础上，根据目前餐厅的实际情况，培训计划编制的主要内容包括培训项目、培训师、培训对象、培训人数、培训方式、培训时长、考核方式、培训效果评价、培训资金等。

### 3. 反馈修订

培训计划包含的内容丰富，涉及的人员众多，存在的突发情况多样，培训计划编制完成后，还需经过相关部门人员的评估、反馈进行修订，以使培训计划更加完善，具有更强的可操作性。

## 五、培训计划的内容

### 1. 培训需求

为了确定哪些员工需要培训哪些方面的内容，首先要对培训需求进行分析。在搜集数据的基础上，根据实际情况发现培训需求主要有两种，第一种是某些员工在现有岗位上存在绩效缺陷，无法达到岗位要求；第二种是餐厅为了未来的发展需要提前储备人才，需要对员工进行培训。此外，培训需求是否能够落实还需要考虑到员工培训数量、预培训效果、成本收益分析等因素，当培训数量不影响餐厅正常营业、培训效果预估良好、收益效果值得成本投入时，培训需求便具有准确性、针对性。

2. 培训目的

培训目的建立在培训需求分析的基础上，为培训计划提供方向性引导，构建培训计划框架，从而将培训师、培训内容、培训方法、培训对象有机结合起来。培训目的要准确清晰，具有可理解性和可实现性，培训结束后可以通过行为或业绩表现出来。例如，餐厅服务员在上菜服务培训中，为宾客介绍菜品名称、历史典故、营养价值属于知识目标，为宾客提供正确的上菜流程和标准服务属于技能目标，能够主动、热情服务宾客，及时、准确应对突发情况属于情感目标。

3. 培训对象

餐厅的培训对象作为培训的客体和培训计划的重要参与者，包括高层管理者、中层管理者、基层管理者、技术人员、服务人员、新员工等不同级别和岗位，在培训实施过程中，要综合考虑培训对象的年龄、性格特征、知识和技能水平、岗位特征等与培训对象相关的因素，做到理论与实际相结合，因材施教，兼顾整体发展和重点突出等。

4. 培训内容

餐厅培训内容可以分为知识培训、技能培训和素质培训三部分，根据培训对象和培训目的的不同，要有侧重点地分配三个部分的培训内容。其中，知识培训主要让餐厅员工系统地掌握岗位理论知识，增强员工对概念、环境、技术、设备等的掌握；技能培训要求餐厅员工具有一定的操作能力，以较高的水平为宾客提供服务；素质培训需要餐厅员工具备良好的习惯、积极的服务态度、不断进取的精神，而不仅仅满足于知识和技能的掌握。

5. 培训师资

餐厅在选择培训师时需考虑培训项目的需要、培训师的综合素质和培训师的选择方式等方面。根据餐厅的实际情况，一般以内部选拔培训师为主、外部聘请培训师为辅，依据培训内容和对象的不同采用不同的选择方式。例如，在对餐厅基层管理者、优秀管理者、业务精英等进行业务技能培训时，应以更加熟悉餐厅内部和员工情况的内部选拔培训师为主。除此之外，培训师个人的综合素质和能力也需要被重点考察，包括培训师的专业知识和专业技能、培训师的授课能力、培训师对培训对象的熟知情况。

6. 培训方式

培训方式多种多样需要根据培训目的和培训内容采取合适的培训方式。在知识培训中为了实现知识目标，多采用讲授法、视听教学法和网络教学法等方法，以提高学员学习效率及便于学员进行反复学习；在技能培训中为了技能目标的实现上，以角色扮演法、案例研究法、操作示范法和头脑风暴法等方法为主，以增强学员解决实际问题的能力；在素质培训中为了情感目标的实现，可以通过角色扮演法和游戏法，在轻松愉快的环境中培养员工的情感和态度，启发员工主动转变意识。

7. 培训时间与地点

需要根据培训内容、培训课程以及培训对象的实际情况，确定培训的时间和时长，选择合适的场地。培训时间既要避免出现与餐厅重要事务、培训场地、培训师和培训对象参加时间相冲突的情况，又要做到劳逸结合，提升培训效果。培训地点既要考虑培训场地的硬件条件，又要能够提供良好的服务和舒适宽松的环境，增强培训师和培训对象的参与积极性，获得更好的培训效果。

8. 培训费用

餐厅培训需做好培训成本分析、培训预算设计和培训预算执行。培训费用大体包括受训人员饮食、交通、工资等开支，购买教材、租用场地和设施设备费用，培训师和管理人员酬劳和工资等。培训预算一般采用费用总额法，根据同行业同级别餐厅预算的平均值，结合各项费用，确定预算总额。培训费用在执行中要做到严格要求、避免目标置换、避免过于烦琐、保持灵活性。

9. 考核结业

接受培训的员工需要通过一定的考核来检查其培训效果，考核的形式有笔试、面试、情景模拟、方案设计和布置等，同时要兼顾培训对象的平时表现和出勤情况，并根据培训对象的综合情况给出考核成绩。

**【案例】新进员工培训计划书**

1. 培训目标。根据对餐厅服务员的工作要求，经过系统培训，培养优秀的服务人员，使受训员工具有良好的职业道德和行为规范，掌握餐厅服务基础知识和各项操作技能。

2. 培训对象。餐厅所有新进服务人员。

3. 培训内容。

（1）餐厅基本情况介绍，包括创建背景、地理位置、建筑风格、经营理念、经营特色、客源状况、组织机构、规章制度、本店产品知识等内容，使员工对自己的“家”有一个全面的认识和了解，增强员工的归属感和忠诚度。

（2）餐厅员工仪容仪表。

（3）餐厅服务礼貌用语。

（4）餐厅服务五大要求及餐厅服务操作程序。

（5）餐厅服务“三字经”。

（6）服务内涵，包括服务的含义、精神、意识、心态和微笑服务。

（7）餐厅摆台规范。

（8）对酒水种类、价格及斟法的基本认识。

（9）预订、迎客、点菜、摆台、上菜、推销、斟酒、送客、收台。

（10）餐厅用餐服务程序。

（11）如何成为一名优秀的服务员。

（12）安全及消防知识。

4. 培训方法。本次培训采取讲授法、案例分析法及实操法，在培训过程中还要进行比赛，如酒水识别比赛和摆台、收台比赛等，以提高受训员工的兴趣和积极性。

5. 培训时间。××××年×月×日到××××年×月×日。具体安排见表 3-1-1。

**表 3-1-1　培训计划安排表**

| 培训日期 | 时间 | 培训员 | 培训内容 | 授课方式 | 课时 |
|---|---|---|---|---|---|
| ×月×日 | 8:00-9:50 | | 餐厅基本情况介绍 | 讲授 | 2 |
| | 10:00-10:50 | | 培训制度、用餐制度讲解 | 讲授 | 1 |
| | 11:00-11:50 | | 组织机构及各部门职责介绍 | 讲授 | 1 |
| | 14:00-15:50 | | 形体训练 | 训练 | 2 |
| | 16:00-16:50 | | 团队活动：2 人 3 足练习 | 游戏 | 1 |
| | 17:00-17:50 | | 形体训练 | 训练 | 1 |
| ×月×日 | 8:00-9:50 | | 员工手册介绍 | 讲授 | 2 |
| | 10:00-10:50 | | 餐厅服务礼貌用语 | 讲授 | 1 |

续表

| 培训日期 | 时间 | 培训员 | 培训内容 | 授课方式 | 课时 |
|---|---|---|---|---|---|
| × 月<br>× 日 | 11:00-11:50 | | 仪容仪表 | 讲授 | 1 |
| | 14:00-15:50 | | 形体训练 | 训练 | 2 |
| | 16:00-16:50 | | 团队活动：2 人 3 足比赛 | 游戏 | 1 |
| | 17:00-17:50 | | 形体训练 | 训练 | 1 |
| × 月<br>× 日 | 8:00-9:50 | | 餐厅服务要求及操作程序 | 讲授 | 1 |
| | 10:00-10:50 | | 服务内涵 | 讲授 | 2 |
| | 11:00-11:50 | | 餐厅服务“三字经” | 案例 | 1 |
| | 14:00-15:50 | | 形体训练 | 训练 | 2 |
| | 16:00-16:50 | | 团队活动：七拼八凑比赛 | 游戏 | 1 |
| | 17:00-17:50 | | 形体训练 | 训练 | 1 |
| × 月<br>× 日 | 8:00-9:50 | | 餐厅摆台规范 | 实践 | 2 |
| | 10:00-10:50 | | 对酒水种类、价格和斟法的基本认识 | 讲授 | 1 |
| | 11:00-11:50 | | 席前烹饪的准备工作、主要原材料及其他配料 | 实践 | 1 |
| | 14:00-15:50 | | 形体训练 | 训练 | 2 |
| | 16:00-16:50 | | 团队活动：队形排列练习 | 游戏 | 1 |
| | 17:00-17:50 | | 形体训练 | 训练 | 1 |
| × 月<br>× 日 | 8:00-9:50 | | 预订、迎客、点菜、送客 | 讲授 | 1 |
| | 10:00-10:50 | | 餐厅服务程序 | 实践 | 2 |
| | 11:00-11:50 | | 如何成为一名优秀的服务员 | 案例 | 1 |
| | 14:00-15:50 | | 形体训练 | 训练 | 2 |
| | 16:00-16:50 | | 团队活动：叠罗汉取物练习 | 游戏 | 1 |
| | 17:00-17:50 | | 形体训练 | 训练 | 1 |
| × 月<br>× 日 | 8:00-9:50 | | 安全及消防知识 | 考试 | 1 |
| | 10:00-10:50 | | 培训知识考试 | 考试 | 2 |
| | 11:00-11:50 | | 员工之间交流心得体会 | 考试 | 1 |
| | 14:00-15:50 | | 形体训练 | 训练 | 2 |
| | 16:00-16:50 | | 团队活动：萝卜蹲比赛 | 游戏 | 1 |
| | 17:00-17:50 | | 消防安全演练 | 训练 | 1 |

续表

| 培训日期 | 时间 | 培训员 | 培训内容 | 授课方式 | 课时 |
|---|---|---|---|---|---|
| × 月<br>× 日 | 8:00-9:50 | | 总结培训内容，对成绩好的员工给予表扬 | 讲授 | 1 |
| | 10:00-10:50 | | 业务技能比赛 | 考试 | 2 |
| | 11:00-11:50 | | 培训总结 | 讲授 | 1 |

6. 培训地点和设备。培训地点：餐厅内；培训设备：餐厅内所有设施设备。

7. 培训预算。属于内部培训，讲师都是餐厅优秀员工，所需费用较少。培训期间每天为受训员工准备一顿早餐，为讲师适当发放一些津贴，初步预算在 ××× 元以内。

8. 考评方式。

（1）考试。学员学完课程设置中的每一个培训模块后，由培训师采取笔试、口试等方法对学员进行阶段测验。

（2）考核。考核应体现“以技能为最终成果”的培训理念，由餐厅管理人员和培训师组成考评组对学员进行现场考核，考核可采取现场操作、口述问答、模拟操作、图示等形式，重点检查学员岗位技能掌握情况。

# 课程 3-2　技能指导

## 学习内容

| 学习单元 | 课程内容 | 培训建议 | 课堂学时 |
|---|---|---|---|
| 作业指导书概述、内容及编写方法 | 1）作业指导书的概念<br>2）餐厅服务员作业指导书的特点<br>3）作业指导书的内容<br>4）作业指导书编写步骤<br>5）作业指导书的结构 | （1）方法：项目教学法<br>（2）重点与难点：作业指导书的内容 | 4 |

# 学习单元　作业指导书概述、内容及编写方法

## 一、作业指导书的概念

作业指导书是指有关任务如何实施的详细描述。餐厅服务员作业指导书是指用于指导各个岗位的餐厅服务员，使其能够按照岗位操作要求、工作程序、工作步骤等，在满足质量和进度要求的情况下，正确熟练地完成工作内容的详细描述。

## 二、餐厅服务员作业指导书的特点

1. 繁多的工作内容

餐厅服务员在宾客到来之前需要开班前例会、做好各项准备工作，宾客到来之后为宾客提供各种服务，宾客离开后做各项收尾工作，整个工作过程中一直处于紧张忙碌的状态，因此，餐厅服务员的作业指导书也要涉及繁多的工作内容。

2. 琐碎的工作细节

餐厅服务员不仅工作内容繁多，而且工作细节琐碎。准备工作要设定好餐厅温度和湿度、音乐音量、灯光等，还要检查每张餐桌所有餐具是否存在卫生问题、破损问题等，在为宾客服务的过程中和收尾工作中细节更多。餐厅服务员作业指导书对这些工作细节的体现尤为重要，直接关系着餐厅服务员最终的工作效果。

3. 较强的连贯性

餐厅不同岗位之间的工作内容衔接紧密，连贯性较强，餐厅服务员作业指导书要强调餐厅服务员在服务过程中做好交接工作，例如，迎宾员将宾客引领到座位后，必须与值台员完成衔接。

4. 极大的灵活性

餐厅服务员的工作内容主要以服务性工作为主，针对不同宾客的服务内容和服务方式均存在一定的差异性，服务员需要具备灵活应对的能力，因此餐厅服务员作业指导书应要求服务员具备一定的灵活性。

## 三、作业指导书的内容

1. 岗位描述

餐厅服务员在具体工作中分为不同的岗位，如预订员、迎宾员、值台员等，针对不同的岗位，作业指导书既要进行一般性岗位描述，也要介绍每个岗位的特点，包括该岗位在餐厅中的地位、作用、工作内容和要求等。

2. 目标要求

完成工作内容，为宾客提供优质的服务，实现较高的满意度。同时，不同的岗位对餐厅服务员工作目标的要求存在一定的差异。

3. 岗位职责

不同的岗位其职责要求有所不同，餐厅服务员需要认真履行岗位职责，完成所有工作内容，为宾客提供优质和高效的餐饮服务。

4. 岗位流程

包括岗位的餐厅服务员从开始服务到服务结束的整个过程中要做的所有工作、正确的工作顺序和重要的时间节点。

5. 工作内容

餐厅服务员的工作内容主要包括餐厅预订服务、开餐前准备工作、餐厅接待服务和结账送客服务及营业结束收尾工作四个部分，具体工作内容见表 3–2–1。

表 3-2-1　餐厅服务员工作内容

| 内容分类 | 内容细分 |
|---|---|
| 餐厅预订服务 | （1）准确记录预订人姓名、联系电话、预订人数、经办人姓名等信息<br>（2）明确并记录宾客预订的消费场所（厅堂名称、桌号等）、菜品及酒水要求、消费标准及付款方式等信息<br>（3）确认宾客要求的其他服务项目 |
| 开餐前准备工作 | （1）做好餐厅的清洁卫生，墙壁、门窗、地面、桌椅洁净无尘，保持照明、空调等设施运行良好<br>（2）按接待规模和消费标准备足开餐服务用品及餐饮用具；备足当天供应的酒水等<br>（3）检查消毒柜、扎啤机等电器设备，确保安全和运行良好<br>（4）准备菜单及酒水单，熟悉餐厅供应菜品酒水的品种、规格及价格<br>（5）按标准摆台<br>（6）着工装上岗，佩戴工牌，保持职业性的仪容仪表 |
| 餐厅接待服务 | （1）热情礼貌迎接宾客进店<br>（2）主动向宾客介绍餐厅风味特色及有关服务项目<br>（3）准确记录宾客点餐菜单及特殊要求，及时将菜单信息传递到厨房<br>（4）根据宾客的消费需求，摆好餐具、饮具，及时提供餐中服务<br>（5）上菜服务报菜名，名贵菜品、时令菜、特色菜等宜向宾客适时、适当地进行介绍<br>（6）餐中为宾客续斟酒水及提供宾客需要的服务 |
| 结账送客服务及营业结束收尾工作 | （1）查看结账清单，核实无误后，将账单提供给宾客确认<br>（2）结账服务准确，并做到文明用语、礼貌服务<br>（3）宾客采用信用卡、银联卡、支付宝、微信等结账方式的，认真核对信息，确保无误<br>（4）严格执行发票管理制度，开具的发票内容准确、完整<br>（5）提醒宾客带好随身携带的物品，礼貌送客，邀请宾客再次光临<br>（6）清理餐台并及时翻台，负责做好餐后及营业结束的清洁、整理和收尾工作<br>（7）完成其他应及时处理和完成的餐厅服务相关工作 |

### 6. 管理制度

餐厅服务员要严格执行餐厅的各项规章制度，包括仪容仪表、准时上班、按照服务标准为宾客提供服务等。

7. 应急预案

餐厅人员密集，活动频繁，有可能发生人员受伤、火灾等突发事件，为了能够迅速灵活地进行处理，餐厅需要制定应急预案，在作业指导书中也应有这部分内容。

8. 法律法规

作业指导书中还应包括餐厅服务员工作中涉及的法律、法规及相关知识。

## 四、作业指导书编写步骤

1. 岗位信息采集

岗位信息采集的主要内容包括该岗位的名称、所属部门、直接上司、工作职责、工作内容、工作要求等。

2. 作业指导书编写

根据采集到的岗位信息，编写作业指导书包含的所有内容，主要包括岗位描述、目标要求、岗位职责、岗位流程、工作内容、管理制度、应急预案和法律法规等。

3. 反馈修订

作业指导书草稿编写完成后，需要经过多次反馈修订，以实现较强的操作性和良好的效果。

## 五、作业指导书的结构

作业指导书分为三个部分。第一部分包括封面、目录、引言，封面介绍作业指导书的名称、时间、单位，目录方便检索和翻阅，引言可以阐述本作业指导书的作用和意义等；第二部分为作业指导书的主体，包括岗位描述、目标要求、岗位职责、岗位流程、工作内容、管理制度、应急预案和法律法规等；第三部分主要是附录和附加说明，是对作业指导书内容的补充说明，可以是清单、操作流程图、表格等。